はじめに

僕たちはいま、どういう時代に生きているのか。これから、どういう時代を生きるのか。皆さんは、それを考えたことはあるだろうか。

21世紀も13年が経とうとしているが、これからの日本にはさまざまな課題が横たわっている。人口が減り、高齢者が増え、働き手である若い世代が減っていく「人口減少社会」。高度経済成長期に造られた道路や橋・トンネルなどのインフラの老朽化。思うように進まない東日本大震災からの復興。そして、原発事故に端を発したエネルギー問題……。東京に2度目のオリンピックがやってくる2020年、いったい日本はどうなっているのか。希望と不安が同じくらい僕たちにのしかかっている。この国は、いま大きな転換期を迎えている。

さまざまな問題が山積する「課題先進国・ニッポン」。僕たちはこれからどう働き、どんな仕事をしていけばいいのか。自分たちの未来を思うことは、同時に自分たちの仕事や働き方を考えることにつながっていく。

明確な答えは、用意されていない。答えは、自分たちで作り出していくしかない。

本書は、東京・渋谷のNHK放送センターで2012年9月から毎月開催している局内向けトークセッション「ジセダイ勉強会」から、これからの日本を担うと期待される新世代のトップランナー8名の言葉と仕事術をまとめたものだ。

先行きが見えにくいことから、自分の働き方、仕事のあり方について考え、語り合うことが多い今日この頃、8名の多角的な視点は、あなた自身の働き方を変えるだけでなく、会社や組織、そして日本社会さえも面白くするヒントを与えてくれるだろう。

ありあまる意欲や気概を持ちながらも、会社や組織で輝くことができずにいる20~30代の若手・中堅層の「ジセダイ」を奮い立たせるメッセージと思っていただけたらうれしい。

この本に登場するのは8名の「ジセダイ」。

まず、出版社からフリーランスに転身し、活躍する安藤《あんどう》美冬《みふゆ》さん（1980年生まれ）。受け身になりがちな働き方を一瞬で主体的なものに変える方法を教えていただいた。

また、戦後初となる独立系の生命保険会社「ライフネット生命」を立ち上げた岩瀬大輔《いわせだいすけ》さん（1976年生まれ）は、どんな仕事をしたいかではなく、誰と仕事をしたいかを考えることが大切だということを教えてくれる。

さらに、野村不動産で若者や地域に特化した社内プロジェクトを立ち上げ、グッドデザイン賞に導いた刈内一博《かりうちかずひろ》さん（1978年生まれ）は、多くの人を巻き込むことができる会社ならではの仕事の醍醐味《だいごみ》を、1店舗の売り上げが世界一を誇る百貨店・三越伊勢丹の額田純嗣《ぬかたじゅんじ》さん（1979年生まれ）は、常に現場を見つめながらも、誰も見たことがない百貨店を生み出したいというリーダーシップ論を僕らに語ってくれる。

自分は組織や会社では輝けないと思っている人には、NPO法人「二枚目の名刺」代表の廣優樹《ひろゆうき》さん（1979年生まれ）の言葉が響くだろう。会社員でも働き方の選択肢があることを知るだけでも、希望が湧くはずだ。

そして講談社でマンガ『ドラゴン桜』『宇宙兄弟』をヒットさせた経験を活か

し、出版の新たな可能性を探っている佐渡島庸平《さどしまようへい》さん（1979年生まれ）と、光文社と星海社で新書ブームを巻きおこした柿内芳文《かきうちよしふみ》さん（1978年生まれ）の2人の編集者からは、ヒットの作り方を教わる。アイデアを企画に発展させ、売れるものにまでこぎつける彼らの執念と愚直な努力の積み重ねは、大変読みごたえのあるものになっている。

そして最後を締めくくるのは、元プロ陸上選手として、2001年世界選手権エドモントン大会・男子400mハードルで日本人初となる銅メダルを獲得した為末大《ためすえだい》さん（1978年生まれ）。結果がすべてといわれるスポーツの世界で、勝利だけをひたすら追い求め、戦ってきた経験からにじみ出る、仕事や自分との向き合い方は、仕事の枠を越えた人生論にまで及んでおり、心をゆさぶられることだろう。

読者の皆さんには、この一冊を通じて、時代の「傍観者」ではなく「当事者」になることの面白さを感じていただけたらと思っている。

この国の未来を担う僕たちが、自ら学び、考え、行動し、束になって、明日の日本をつくっていく。そして、世界を変えていく。そのための知性と野性を養う手助けとなる本でありたい。

哲学者ジャン＝ジャック・ルソーの言葉とともに、本書が、就職を控えた学生の皆さん、社会で活躍しようと奮闘されている会社員の皆さん、そしてすべての「ジセダイ」のお役に立つことを祈っています。

「生きるとは呼吸することではない。行動することだ」

２０１３年11月

ＮＨＫ「ジセダイ勉強会」

目次

episode 1

進んで仕事をつくり出す“マイルール”と“マインド”

起業家・コラムニスト
安藤美冬

© 石郷友仁

安藤美冬

（あんどう・みふゆ）

1980年生まれ。起業家。多種多様な仕事を手がける、独自のノマドワーク&ライフスタイル実践者。多摩大学経営情報学部非常勤講師、商品企画、雑誌『DRESS』の「女の内閣 働き方担当相」を務め、コラム執筆、講演など幅広く活動中。TBS系列『情熱大陸』、NHK Eテレ『ニッポンのジレンマ』などメディア出演多数。著書に7万部突破の『冒険に出よう』（ディスカヴァー・トゥエンティワン）がある。

「ノマドワーク」という新しい働き方を提唱し、テレビ番組のコメンテーターや講演活動、さらには大学で講師を勤めるなど多彩な活動を続ける安藤さん。ほんの数年前までは、大手出版社の集英社に勤務する普通の会社員だったが、退社後ソーシャルメディアを駆使して自分の能力やスキルを発信し続けた結果、会社員時代には考えられなかった仕事にめぐりあうことができた。

多くの若者に「個人の力でもここまでできる」という希望と可能性を示している安藤さん。そんな彼女は、普段どういう視点で物事を考えているのだろうか。その戦略を学ぶことは、組織のなかでいかに自分の存在価値を高めるかという点でも大変参考になるだろう。

安藤さんは「仕事がつまらない」「会社では自分らしさが発揮できない」といった不満や悩みにも〝処方箋《せん》〟を与えてくれる。会社員の自然治癒力を高める安藤さんの「漢方薬」。ぜひ一度、お試しあれ。

〝個〟としてのキャラクターを持て

私は現在、働く場所をひとつに決めない「ノマドワークスタイル」を実践しているほか、肩書きや専門領域に縛られない独自の働き方をしています。ツイッターやフェイスブック、ブログといったソーシャルメディアでの発信を駆使しながらフリーランスとして仕事をしていて、その内容は多岐にわたります。多摩大学経営情報学部にて「SNS社会論」の講義をしたり、商品プロデュースとしてお仕事カバンやレザーファイルなどの小物を企画したり。また、某アイドルオーディションの審査員として次世代アイドルの発掘や、雑誌の連載や書籍の執筆、ニュース番組や討論番組への出演、講演活動などさまざまな仕事をしています。

今でこそ、こうして多岐にわたる仕事をさせていただいている私も、ほんの2年前までは先行き不透明な未来が不安でたまらず、布団を頭からかぶり震える日々を過ごしていました。2010年9月、私は7年間働いていた集英社という出版社を辞めました。30歳のときのことです。

安藤美冬

独立すると同時に、自分自身に課したルールがありました。それは「営業はしない」「スーツは着ない」「肩書きをひとつに決めない」というもの。徹底して自分らしいやり方と、「安藤美冬」の名前とキャラで仕事をするということです。

なぜこうしたルールをつくったのか、詳細はのちほど述べますが、恥ずかしながら、当時はこれといってやりたいこともなかったし、何をやりたいかも決まっていなかった。それどころか自分には突出した強みもなく、社会的な信頼もフリーとしての実績もほぼゼロという状態。あるのは外に飛び出して挑戦したいという情熱だけでした。しかし、「何をやりたいか＝（Ｗｈａｔ）」は決められなくても、**「自分らしい働き方をするにはどうすればいいか（＝Ｈｏｗ）」**は考えることができる。私にとってこのルールはそれを真剣に考えて出した結論だったのです。

もちろん、こうした働き方が最初からうまくいったわけではありません。毎月一定の給料が入る会社員とは異なり、会社を飛び出してしまえば当然、仕事をしない限り収入もありません。実際に5か月もの間、「無収入」状態が続きました。社交辞令を真に受けたり、途中で企画が頓挫したりすることもしばしばでした。殴られたような衝撃と、自分はこれからどうやって生活をしていけばいいのだろうという不安に打ちのめされました。ですから最初の頃は友人のツテを頼り、とにかく目の前のことを何でも仕事にしようと必死でした。「自分らしい働き方」とはほど遠い状態です。

「行動しない限りは前へ進めない」。腹をくくった私は、改めて営業をせずに自分の名前とキャラで仕事のオファーがもらえるようになるにはどうしたらいいのかを考えました。そこで自分の仕事、ひいては人生をつくっていく主戦場に選んだのが、会社員時代から活用していたツイッターでした。

ツイッターで一定の影響力を得ている人たちを徹底的に分析したのはこの頃です。そうしていくうちに、フォロワー数の増加とともに、発信に注目してくださる人が増え、あるときからソーシャルメディア経由で、社会人向けの講座「丸の内朝大学」での講座企画や、本の宣伝業務の依頼が立て続けに入るようになりました。この出来事は、そこから現在のような「職業、安藤美冬」という働き方を実践していくうえでの大きな足がかりとなりました。

ソーシャルメディアがこれほどまで発達している現代においては、誰もが自分のメディアを持つことができます。つまり、**「誰もが自分メディアの編集長になる」時代**です。自分をどのように伝えるか。ツイッターやフェイスブック、ブログなどの「自分メディア」を駆使して自分自身をコンテンツ化し、継続的に発信し、ファンを増やすことで、自ずと人、モノ、チャンス、情報、お金を集める仕組みをつくることができるのです。

しかしながら、フリーランスといっても**ひとりで完結できる仕事はありません**。常に取引相手がいて、時にはさまざまな強みや持ち味をもった人たちとチームを組んで、プロジェクトを動かしていきます。こうしてさまざまな人たちと関わりを持って仕事をしていくのに必要なのは、「個」としての魅力や周囲を思いやる行為、信頼を築く力といった非常にアナログなものです。

すべての人に必ず居場所はあるはずです。たとえ突出したスキルがなくても、「この人と一緒に仕事がしたい」と思われるような**「個」としてのキャラクター、あるいは人間関係やつながりをつくる**ことが何より大事なのは言うまでもありません。それに、自分にとっては「たいしたスキルではない」と思っていても、業界を変えれば、あるいは見せ方を工夫すれば、それは誰かにとっては貴重な能力であるケースも多々あります。

〝自分だけの就業規則〟を持て

現代において私たちに必要なスキルを挙げるならば、それは「自分の裁量で生きること」ではないでしょうか。具体的に言えば、時代や社会の流れを意識し、自分自身を常に変化させ続けることと、仕事に自分を合わせるのではなく、自分に合わせて仕事を変えていくことだと私は考えています。そしてここで言う「仕事」とは、職種だけではなく、業務形態など「働き方」「やり方」も含みます。たとえ社員でも、すべては自分が自由に決められるという実感を持ち、主体的に働くことができれば仕事に対するモチベーションはぐんと高まり楽しくなるはずです。この瞬間からみんなが実行できることなのです。

実は私自身、会社員時代に実行していたことが、今の独自のワークスタイルの礎《いしずえ》になっています。当時、私は**〝マイルール〟**をつくって働いていました。会社の就業規則とは別につくった「自分だけの就業規則」です。つくろうと思ったきっかけは、入社して配属された部署から初めて異動になったときのことです。新しい部署で自分の納得がいく結果を出していくにはどうすればいいのか、頭のなかで必死に考えました。そこで思いついたのが**「自分なりの〝会社での働き方〟をつくろう！」**ということでした。そのためには一日ひとつは新しいことに取り組もうと考えたのです。

ものすごく小さなものから言うと**「ボールペン1本から働き方を変える」**というルールです。ふつう、文房具は会社の備品として配られるものですよね。けれども、支給されたボールペンをそのまま使うのではなく、〝マイボールペン〟と呼べるようなお気に入りの1本で書いたほうが、日々大量の赤字を入れる校正作業もはかどるし、モチベーションアップにもつながるのではないかと思いついたのです。そうして、いちばん使いやすいボールペンを探す旅に出かけて、三菱鉛筆のジェットストリームというボールペンにたどり着きました。

ここで重要なのは、会社で配られるメモ帳やノートを使うというすでにあるルールをそのまま鵜呑《うの》みにするのではなく、自分の頭で**「どうすれば楽し**

く、そして「一分一秒でも速く仕事ができるだろうか」と考えていくことであり、それが**自分らしい能動的な働き方につながる**のだと思います。

日々の仕事に小さなイノベーションを起こせ

そのほかにも、私が実行したマイルールをいくつかご紹介しましょう。**「週に一日は社外の人とランチを食べる」**のもそのひとつでした。主に友だちの紹介とか、知り合いが主催するパーティーなどで名刺交換をした人に声をかけて、向こうのオフィスに訪ねていったり、こちらのオフィス界隈に来てもらったりして1時間じっくりと話をするのです。そのつながりで、某ＩＴ企業さんとは児童書のキャンペーンでコラボすることになったり、とても腕のいいウェブデザイナーを見つけてサイト構築を手伝っていただいたりと、マイルールから広がったつながりを社内の仕事に還元していきました。

また、会社に還元するということはもちろん重要なことですが、同時に**私と**

いう「個」のアイデンティティは「会社員」だけではありません。その ため、会社の始業時間は9時半でしたが私は始業時間を8時と決めて、その1時間は自分のための時間にしようと読書をしたり人に会ったりもしていました。

きっかけはすごく小さなことでもいいのです。たとえば、社内で回覧板がまわってきたとして、その回覧板が見づらくてわかりにくければ、見やすい新しいフォーマットを提案してみる。「会社で新しいことをやる」というと、とかく大きなことに目を向けがちです。前代未聞の新機軸を打ち出す、大きなプロジェクトを組織する……とか。でも、どうしても私たちの目の前に立ちはだかる「会社の壁」というものがそれを阻んで、なかなかできないと悩んでいる人も多いかと思います。だからこそ、**日々の仕事に「小さなイノベーション」を起こせばいい。**その小さな積み重ねが、いずれ大きなうねりへとつながるのだと思います。

このように、「マイルール（自分だけの就業規則）」を設けて愚直に実行することは、「自分の裁量で働く」という主体性や独立心が生まれるきっかけになるはずです。大切なのは、**自分の人生を自分の裁量で動かしていく**ことなのです。

ダメダメ社員からの脱却

安藤美冬

今でこそ、こうして周りの方たちにチャンスをいただきながら、自分らしい働き方を軸にさまざまな仕事をさせていただいていますが、会社員時代、特に入社して3年頃までの私は失敗やミスが多い典型的なダメ社員でした。

集英社という出版社に就職したのは2004年のことです。私には入社前からやりたい仕事がありました。自社の商品である雑誌や漫画、書籍を広く世間で認知してもらうための仕掛けをつくる宣伝部での仕事です。しかし、残念ながら私が配属されたのは広告部。主に雑誌に掲載される広告を扱う仕事でした。それでも一晩で気持ちを切り替え、決意も新たに広告部での仕事に向き合うようにしていたのですが、どうにも空回りしてしまいます。それこそ毎日が失敗の連続でしたね。スケジュール管理もできず、取引先との会議をすっぽかしたこともあります。取引先からはミスを指摘され、先輩からは叱られ、電話をとればクレーム続き。結果が出せないことに苛立《いらだ》ちストレスがたまる日々でしたが、それでも入社3年目を過ぎた頃からは、周囲の人たちのサポートもあって日頃の失敗も少しずつ減り、周囲からの信用も得られるようになっていました。担当していた雑誌の広告出稿状況も良好で、仕事上の問題は一見解決したかのように見えましたが、一方でその頃から通勤電車のなかで激しい動悸《どうき》とめまい、手の震えにたびたび襲われるようになりました。そしてその年、ついに私は「抑うつ状態」と診断され半年間の休職を余儀なくされてしまいます。

この出来事をきっかけに、私は**「すべての物事は自分の責任である」**と考えるようになりました。これからは社会や環境、周囲の人たちに責任を転嫁するのではなく、**仕事も居場所も自分でつくり出そう**。そしてそのためには、**自分自身がまず変わる必要がある**と考えたのです。

半年間の休職期間を経て配属されたのは宣伝部でした。かねてからの私の希望を受けて「うちで引き取ろう」と申し出てくださった方がいたのです。この気持ちになんとか恩返しをしたくて必死に考えたのが、先にも述べたマイルールでした。そうして自分自身が主体的に仕事に取り組むことで、1年ほど経った頃から次第に結果が出てくるようになり、部署を越えて「安藤さんに依頼したい」と指名ももらえるようになっていきました。

その後、私はティーンズ向けの小説の宣伝担当になり、「メディアミックスプロジェクト」を手がけることになりました。このプロジェクトでは小説をアニメ化やマンガ化、グッズ化することによって多くのファンを取り込むのが目的です。それまでの宣伝方法は、たとえば雑誌に自社広告を入れたり、書店にＰＯＰを撒《ま》いたりというのがメインの活動だったのに対して、社内のリソースを宣伝媒体として活用するという、社内でも異例の各部署を横断したプロジェクトです。編集部、販売部、ライツ事業部など、若手を中心としたメンバーが一丸となって取り組んだ結果、このプロジェクトは功を奏し、担当していた書籍はレーベル史上初めて（累計部数として）ミリオンセラーを出すことができました。そしてチームの主要メンバーで社長賞も受賞することができたのです。

これは私にとってだけではなく社内的にも1つの成功体験でした。当時、全員のモチベーションはミリオンセラーを出すぞという**ひとつの目標に集中し、それが大きなうねりとなって結果に現れた**わけです。

現在の私の仕事のやり方は、それぞれが得意分野を持ち寄ってプロジェクトベースで人が集まり、仕事と報酬を分配し、終われば解散。そういった、まるでアメーバのようにして変幻自在なつながりのなかで仕事を動かしていく働き方を私は**「ルパン三世的ワークスタイル」**と呼んでいます。情熱や個の強みを活かした仕事スタイルがすごく面白い。宣伝部時代の経験を、まさにフリーになった今も応用しているだけなのです。

組織で働いていたときも本当に楽しかったのですが、唯一不満があったとすると部署割りゆえ、自分の役割が肩書きで決まってしまうということでした。それは言い換えれば、自分の可能性が肩書きの中に閉じ込められてしまうということです。さらに、何か新しいことに挑戦しようと思ってもあまりにも手順が煩雑で、やりたいという情熱が2か月先の企画会議まで続くかといえば、飽きっぽい私はそこまで続かないという悩みもありました。

“何を”するかではなく“どのように”働くか

私が独立を決めたのは29歳の誕生日。「30歳のうちに会社を辞めよう」と決意しました。しかし冒頭でも触れましたが、辞めたあとに何をしたらいいのかを決められず退職するまでの1年8か月もの間自分探しをしていました。これといって突出したものがない私にとって、決めることが怖かったのかもしれません。

とはいえ、もちろん独立準備を何もしていなかったわけではありません。会社を辞める決意をしてからは、「マイルール＋（プラス）」というルールを定めました。**1か月で100人以上、退社までに3000人に会う**というのもそのひとつでした。目的は情報収集と人脈づくり、そして**会社員意識から独立自営意識へとマインドセット**するためでした。仕事のあとにはセミナーや異業種交流会などに足を運び名刺交換を重ね、次のご縁へとつなげていったのです。

そうしているうちに、**What（何をするのか）ではなくHow（どのように働くのか）**を考えるようになりました。どんな仕事をやるのか、職種や仕事の領域というのはさして重要じゃないというのが、これまで生きてきた私なりの結論のひとつです。言い換えれば、どのように生きていきたいか、ライフスタイルを送りたいか、どのように働きたいかということです。

やりたくないことをより明確にするため、それを一旦すべて書き出し、そこから3つのやらないことを決めました。それが「営業はしない」「スーツは着ない」「肩書きをひとつに決めない」です。

「肩書きをひとつに決めない」について少し説明しますと、どんな会社であろうと1社とのみ取引していては共倒れの可能性があります。ということは、**複数の収入源を持っていればひとつがうまくいかなくても共倒れせずに済む**わけです。それに、いざとなれば自分に合わない仕事を手放すことも容易になります。さらには、複数の仕事に並行してチャレンジするなかで**自分の可能性も広がる**というメリットがある。

また、活躍している経営者やフリーランスの方に話を聞きに行く際、意識したのは失敗パターンを徹底的に集めるということでした。**失敗してもいいけれども、明らかな失敗パターンには陥りたくない**と考えたのです。歴史は繰り返すと言いますが、人間の本質というのはそんなに変わらないものだからです。

そうしていってわかったのは、**「出口戦略」を持たないと失敗につながりやすい**ということでした。たとえば立ち上げ時に立派なオフィスを構えたり、一時の勢いに任せて社員を雇いすぎたりして固定費をかけすぎることや、事業が社会のニーズに合っていないことなどです。

この変化の激しい時代、いつ何が起こるかは誰にもわかりません。時代も、社会も、会社も、自分も刻一刻と変化していきます。その変化に対応していくために大切なのが、いつでも辞められるように出口戦略を持つことだと結論づけました。

私のようなフリーランスはもちろん、会社員であっても仕事をする最後の日というのが必ずあるわけです。いつ自分の会社が倒れるかわからないし、リストラや定年、あるいは、会社勤めを辞めて次のステップに行くための最後の日があるかもしれない。**自分が始めた事業も、いつか必ず終わりがくる**ということを想像しないで始めてしまっている人が多いんですね。

それで、私は独立する際、いつでも店じまいができるように身軽な働き方を選択しました。仕事の領域や肩書きをひとつに定めず、複数の収入源を持つ。社員登用ではなく業務委託という雇用形態をとり、多様な人たちとプロジェクトベースで働く。個人オフィスは構えずにシェアオフィスを借りる。こうして極力〝持たない〟生き方を貫くことでいつでも辞められる状態をつくることは、決して「無責任」な仕事をすることにはなりません。世の中を変えるイノベーションは数えきれないほどの失敗のなかから生まれます。だからこそ、**たくさん失敗しても大きなダメージを受けずに身軽にチャレンジし続けることができる**ように、こうした働き方を選択したのです。

私の仕事のやり方を不思議に思う方もいらっしゃるかもしれませんが、それも当然だと思います。これは、悩みの解消法を模索していくなかで導き出した、私にとっての「最適解」だからです。自分にとっての自由を感じられる仕事のやり方を、自分のＨｏｗに合わせて組み立てていった。それが今のスタイルにつながったということなのです。

組織を横断した〝スキルストック〟のすすめ

私は会社を辞めて、フリーで働いていますが、これからは会社員やフリーという垣根はあまり関係がなく、個人が活躍できる時代だと思っています。なぜなら、個々にあるもの、ないものを補強するために、**うまく持ち寄って協業す**

ることが大事な時代だと考えているからです。ですから、会社員の方も自分の強みや何ができるのかを明確にしておいたほうが、仕事も楽しくなるのではないでしょうか。

たとえば私の場合は、ソーシャルメディア上でキーワードとなるタグを四つ用意しています。「ノマド」「セルフブランディング」「フリーランス」「ソーシャルメディア」ですが、これらのキーワードに引っかかる人たちが入ってくるように設定をしたうえで、発信をしています。これを会社に置き換えて考えることも可能です。

「ｓｋｉｌｌｓｔｏｃｋ（スキルストック）」というウェブサイトをご存じですか？　東日本大震災を契機に、２０１２年３月にβ版のサービスが開始された、復興支援のためのボランティアマッチングサービスです（現在サービスは終了しています）。**自分が得意なこと（スキル）を登録**しておくと、そのスキルに合った震災復興支援のボランティアを教えてくれる仕組みです。すばらしいアイデアだと感動するとともに、広く応用できると思いました。

会社のなかにもこれに近い仕組みがあればいいのではないでしょうか。

自分の得意分野や極めている趣味などを社内で「スキルストック」する。新しいプロジェクトやサービス、商品開発などを立ち上げるときにはその分野に詳しい人をメンバーに入れたり、外部アドバイザーとして招いたりして部署の垣根を越えて組織していくのです。

映画評論家になれるくらい映画が大好きな人、料理研究家よりも料理が好きで詳しい人、ウェブやアプリにやたら詳しいＩＴに精通した人は、知らないだけで実は近くにいるものです。ＮＨＫのなかでたとえて考えるならば、「映画」に関するドキュメンタリーをつくりたいときに、その映画に精通した人をプロジェクトのメンバーに入れれば、きっとよい番組になると思います。もともと**映画が大好きな人がその仕事をすれば本人のモチベーションも高い**し、周りの人も知識ゼロの段階から始める手間を省けます。大きな会社であればあるほど、大きな社内スキルストックができるはずです。こうして個の力を活かす取り組みが少しずつ広がっていけば、誰もが自分の居場所をつくることができる。そうしたらちょっと素敵な社会になると思いませんか。

個人の経験だけが価値を生む時代

さて、ここでこれまでの「成功モデル」について考えてみましょう。これまではたとえば、何人のクライアントをコンサルティングしたとか、〇〇企業を上場させたというような、いわば数字で測れる実績や結果という成功をすでに手にしたごく一握りの人を周りが評価し、それをメディアが注目し、そこからさらなる活躍の場が広がるという図式でした。

ところがいま、ツイッター、フェイスブック、ブログなどの「自分メディア」を使って発信を続ける、「ツイッター有名人」や「アルファブロガー」と言われる人たちが出てきています。かくいう私自身も、最初は数千人のフォロワーさんを集めているぐらいの本当にちょっとしたツイッター人でした。そこからブログやUSTREAM放送での発言が話題になり、それがソーシャルメディア上で拡散されると、その熱を面白いと思ったマスメディアが注目し、取り上げられるなかで仕事が発生し、最後に実績がついてきたのです。これは、これまでの成功モデルとは真逆です。そして、これは「無名の個人が台頭できる時代」だということを示しています。

ソーシャルメディアというのは限りなく無料に近く、24時間自分が自由に編集長として使える媒体です。ですから、ここの戦略をうまく立てて自分自身をブランディングしていくことで、たとえばある人は本を出したいという夢をより早く叶《かな》え、ある人は希望の仕事を手に入れていくわけです。現代に必要なのは、いかにして何もないところからスタートして徐々に成長の階段を上っていくのか、あるいは、「共感のスタート」をつくるのかということです。

まさに私は後者のやり方でチャンスをつかんできました。特別な知識や才能があるわけではない無名の個人だった私にも、共感し、応援してくれる人が増え、雑誌やラジオ、テレビからの出演依頼が入るようになり、そこからさらに仕事が舞い込んでくるというサイクルが生まれています。

それはいわば、**個人の経験、体験だけが価値を生む時代が到来**したということです。自分自身が実践し、手ごたえの感じられた成功や失敗にしか意味はありません。**自分にぴったりの働き方も、生き方も、幸せも、そもそも他人と同じであるわけがない**のです。

今の自分を支える、祖父の言葉

安藤美冬

最後に、母方の祖父の言葉を紹介して締めくくりたいと思います。

山形県で生まれ育った祖父は、初孫である私をとても可愛がってくれました。生前の祖父の口癖は、「進取の気性」。現代風に訳すと、「起業家精神（アントレプレナーシップ）」といったところでしょうか。

私が実践している自分なりの働き方というのは、実はこの祖父から影響を受けたものです。建設業に従事していた祖父は、本業のかたわらでさまざまな町おこしプロジェクトを実行していました。たとえば、方言集を自費出版したり、ホップの畑を守る運動を起こしたり、世界で唯一、大気の神様を祭る神社「空気神社」を企画したりと、持ち前の「進取の気性」で突き進んでいたのです。80歳を過ぎてから、突然、ダチョウを飼い始めたときにはさすがにびっくりしました。何かビジネスを思いついたのでしょう。アイデアマンだった祖父は、多種多様な仕事を抱え、とても楽しそうだったのです。

そんな祖父は、2011年に87歳で他界しました。祖父が生まれ育った場所は、小さな里山です。時に強引な祖父を煙たがっていた人もいたでしょうし、正直に言えば、「俺が、俺が」と言う祖父を、小さい頃には恥ずかしく思ったこともあります。けれども、祖父のお葬式で何とも言えない熱い思いがこみ上げてきました。「我が人生、一片の悔いなし」。そんな言葉が、天国から聴こえてきたような気がしました。

建設業という業界にとらわれずに、多様な仕事を手がけた祖父。一度きりの人生を、精一杯に生きた祖父。私もこの人生を賭けて、そんな風に挑戦的に生きていきたいと思います。

新世代の横顔 1
～安藤美冬さんの場合

Q1 今の仕事の一番の魅力は何ですか?

大好きな旅をしながら仕事ができること。
時間や場所の制約を受けないので。

Q2 自分の性格をひと言でいうと?

マイペース。
涙もろく面倒見がいい。気まぐれで飽きっぽいネコ気質。

Q3 休日の過ごし方を教えてください。

毎日が仕事であり遊び。
強いて言えば、料理、旅、映画、カフェで読書。

Q4 影響を受けた本、座右の書があれば教えてください。

ジャック・アタリ『21世紀の歴史――未来の人類から見た世界』(作品社)。

Q5 尊敬する人、憧れの人を教えてください。

岡本太郎。
「危険な道を選べ」という言葉に感銘を受けました。

Q6 いま現在の仕事の目標は?

聴くだけで元気になれるようなラジオ番組(MC)をやりたいです。

Q7 苦境にいる後輩たちにメッセージをお願いします。

明日は明日の風が吹く～。

Q8 あなたにとっての最強のリラックスアイテム、リラックス方法を教えてください。

週1回、日本酒と岩塩をたっぷり入れたお風呂に浸かること。

episode 2

いっしょに
仕事をしたい
仲間をつくれ

ライフネット生命 社長兼COO
岩瀬大輔

岩瀬大輔
(いわせ・だいすけ)

1976年生まれ。ライフネット生命保険株式会社代表取締役社長。東京大学法学部を卒業後、ボストン・コンサルティング・グループなどを経てハーバード経営大学院に留学。同校を日本人では4人目となる上位5%の成績で卒業(ベイカー・スカラー)。2009年2月より現職。世界経済フォーラム(ダボス会議)「ヤング・グローバル・リーダーズ2010」。著書に『入社1年目の教科書』(ダイヤモンド社)、『入社10年目の羅針盤』(PHP研究所)、『生命保険のカラクリ』(文春新書)など。

華々しい経歴から岩瀬さんには「とてつもなく先を行くフロントランナー」という第一印象を抱いてしまう。ところが実際にお会いして話を聞くと、会社員なら誰もが実践できる「行動指針」を人一倍大事にされていることがわかる。これらは、意外にもＭＢＡ取得のために留学したハーバード時代に身につけた「教養」に拠《よ》るところが大きいのだそうだ。

「教養」は、時代の流行には流されない、物事を根本的に捉える考え方を僕らに与えてくれる。たとえば、異業種の人同士が話すなかで、意気投合する場面を目にすることがある。まったく別の分野で仕事をしているにもかかわらず「わかる！」と通じあえるのは、その人たちが教養を持っているから。ひとつのことを徹底的に突き詰めて、掘り下げていくと、他にも応用できる普遍的な考えに辿り着く。表面ではなく地下茎のように張り巡らされているこの知識こそ、教養なのだと岩瀬さんは語る。

こうした考えから仕事とは「何をやるか」ではなく「誰とやるか」と語る岩瀬さん。その話から、自分は何を求めて仕事をするのか、という働く原点を考え直してみたい。

ベンチャー企業を立ち上げるまで

2006年、私はネット専業の生命保険会社「ライフネット生命保険」の前身となる会社を、代表取締役社長（現・代表取締役会長兼CEO）の出口治明《はるあき》と立ち上げました。30歳のときのことです。

それまでの私の歩みについて少し触れますと、大学在学中に司法試験に合格するのですが、卒業後はコンサルティング・ファームに進み、その後はベンチャーキャピタル、投資ファンドと2度の転職を経験しました。生命保険とは無縁の世界で生きてきた私がなぜ起業するに至ったのか、まずはその経緯から簡単にお話ししたいと思います。

2004年の秋、28歳になった私はそれまで働いていた投資ファンドを辞めて、MBAプログラムを習得するために私費でハーバード・ビジネス・スクール（以下、HBS）に2年間留学しました。

留学生活が始まると、私は「ハーバード留学記」というブログを書くようになりました。その名のとおりHBSでの体験を書いたものですが、ありがたいことに、留学を目指す人や金融の同業者の間に広まって人気ブログとなり、そして、それが思わぬ出会いにつながるきっかけとなります。ちょうどHBSを卒業する半年ぐらい前に「ブログをずっと読んでいた」という、ある投資家に声をかけていただいたのです。

帰国したタイミングでその方と初めてお会いしたのですが、そこで「自分はベンチャー投資が天職だと思っている。若い人にお金を出してアドバイスをし、ビジネスをつくるのを応援するのが好きだ。君が起業するなら絶対にうまくいくから、何でもいいからやりなさい」と言われました。とはいえ、その頃は金融業界の絶頂期。就職口もたくさんありましたから、実は断ろうと思っていました。しかし、その方から言われたあるひと言が、人生を変える決め手になりました。「せっかく1回きりしかない人生なのだから、自分にしかないユニークな個性とエッジを活かした、ほかの人が真似できない生き方をするべきじゃないか」

私は「はっ」としました。もちろんそれまでも自分なりに人にできないことをやってきたつもりではありましたが、やはりどこかで見栄や欲があったのかもしれないなと、そのとき初めて思ったのです。そして、「ああ、自分はこの人と何かをいっしょにやるのだな」と予感し始めたのがそのときです。

ちょうどその頃、大学のキャンパスの壁に「1回きりしかない、かけがえのない人生をどう過ごすのですか？」というポスターがペタペタと貼られていたのを思い出しました。これから卒業しようとする私たちに対して、学校が挑発するようにメッセージを投げかけていたのです。投資家から言われた言葉と、大学からのメッセージがものすごくシンクロしました。

ただ、いかんせんその方とは初対面です。ありがたいお話ではありますが、突然のことに躊躇《ちゅうちょ》してしまい、「ちょっと考えさせてください、時間をください」と言ってボストンに帰りました。しかし、翌月、すぐにその投資家の方がボストンまで機会をつくって会いに来てくれました。私はその熱意に感激して「わかりました。やります」と返事をしたのです。

そして、このときに投資家の方から〝衝撃〟と言っていいほどの発表がありました。「岩瀬くん、いろいろ考えたけど、新しいビジネスをやるなら保険がいいと思う。決まりね」。私の保険人生が決まった瞬間でした。

彼は続けて言いました。

「保険業界は規模こそ大きいけど非効率な部分が多いし、イノベーションとも縁がない業界。金融は信頼や法律がすごく大事で、海外のノウハウも必要だから君にピッタリだと思う」

そうはいっても、保険業界は私にとって未知なる世界です。さすがに自信のなかった私は「もし保険でビジネスをするなら、保険に詳しい人を紹介してください」とお願いしました。そこで紹介されたのが、それまで日本生命でずっと働いてきて、専門書も出版している〝歩く生命保険百科事典〟こと、出口治明でした。出口からは、「自分はゼロから新しい生命保険会社をつくりたい。新しい会社をつくって業界に新しい風を吹き込み、活性化する。それこそが自分にできる一番の恩返しだ」、そんな話を聞きました。

ただ、彼らからそうした話を初めて聞いたときは、正直「そんなことができるのか？」と思いました。保険会社を自分でつくろうなんて、普通の人は思いませんよね。「新しい生命保険の会社をつくろう」という発想自体が完全にコロンブスの卵です。それまで考えもしなかったことでした。

2006年4月の出会いから、もう7年になります。ベンチャー2社が同居する溜池山王《ためいけさんのう》の雑居ビルに居候させてもらいながら始まった会社です。アイデアはすべて出口の頭のなかにあり、それを2人で形にしていきました。

また、投資家の方や出口と出会ってから2年弱で132億円を集めました。出資してくれた会社には、皆さんもよく知っている会社がたくさんあると思います。ありがたいことに、売り上げゼロの会社に、プレゼンテーションひとつで132億円もの投資をしてもらったのですが、これだけの資本金を集めたのはかなり珍しい出来事だったのかもしれません。

理屈の世界、感情の世界

そのときのプレゼンテーションのコツは、大きく2つあると思います。それは**理屈の世界と感情の世界**だと思うんですよね。

理屈の世界は何かというと、投資には当然リスクとリターンがありますので、「投資」をお願いしている側は、なぜこの投資がいいのかをきちんとロジカルに伝える必要があるということです。

もうひとつは感情の世界です。理屈が大切と言っても人間は感情の生きものなので、「どうしてもこれがやりたいんだ」という思いを伝えなければいけないですよね。これを行うことが自分にとってだけではなく、社会にとってもいいことだと感じてもらうことが大事です。この2つが両輪だと思います。

理屈の世界については、司法試験の勉強をしたことがよかったのではないかと思いました。「司法」には3つの視点があります。あるときは弁護士として人を弁護し、あるときは検察官として人を糾弾し、あるときは裁判官としてその両方をジャッジします。司法試験の勉強をすることで、そうした相反する視点から物事を見る癖がつき、**自分が相手だったらどう反応するかを常に考える**ようになりました。

たとえば、「この方はどういう投資を今までしてきて、どんな失敗をしてきたか、生命保険とどういう関わりがあったか、社内ではどういう状況にいるのか」など、相手がどのような世界を見ているのかを想像するようにしています。そのうえで説明すると伝わりやすいですし、相手を説得しやすいのではないかと思いました。

もうひとつの感情の世界は、経験から得たことです。**とにかく楽しそうに話せば**「なんだかわからないけど、こいつ楽しそうだな」といった、エネルギーが伝わるものです。また、何にでも通じる話ですが、やはり、**社会にとってなぜ大事なのかをきちんと伝える**ことも共感につながるのだと思います。

少しだけ補足すると、ライフネット生命が大きな投資を獲得したことについては、私ひとりではなく全然違うタイプの社長の出口と2人だったことで、いろいろな質問に対応できたことが大きかったなと思います。

業界のタブーに挑み顧客の信頼を得る

実は日本において、独立系の生命保険会社に国から免許が下りたのは、1934年以来の快挙でした。そうしたこともあり、開業時には記者会見もして、華々しいスタートを切りました。

ところがいざ開業してみると、あれだけたくさんの人に注目され、いい商品をつくったという自信があったにもかかわらず、まるでお客様が来てくれません。「それでは広告を出そう」と、ネット、新聞、雑誌、交通系と、あらゆる広告を試しましたが、何をやっても反応がない日々が続きます。

冷静に考えれば、保険会社のネット広告をクリックすること自体、そうそうないですよね。今となっては笑い話ですが、当時、原油価格の高騰に影響されてマグロの価格が高騰していたため「これだ!」と飛びつき、「マグロが食べたい、あなた」というネット広告を出したこともありました。その結果、大変な数がクリックされたのですが、お客様にはなっていただけませんでしたね(笑)。

それほど必死だったということです。出だしの調子が悪いことがわかると、メディアで「ネット生保、苦戦」という見出しの記事が出るなど、少しずつネガティブになり始めました。「やっぱり、ネットで生命保険を売るなんて無理なんじゃないか」。そんなことがまことしやかに言われるようになり、社員もなんとなくザワザワしています。株主からは「話と全然違うじゃないか。大丈夫なのか」と言われ、非常にプレッシャーを受ける状況となりました。追い打ちをかけるように、競合の生命保険会社が値下げをして対抗してきたのもこの頃。とにかく苦しい時期が続いたというのが正直なところです。

好転したのは2008年11月。我々は、**保険業界で初めて保険料の原価を開示**しました。これは長い間ブラックボックスとなっており、タブーとされてきました。当然、業界内からの声は賛否両論でしたが、世間の反響は大きかったですね。さまざまなメディアでも取り上げられました。そして、ヤフーニュースのトピックスで取り上げられると、ウェブサイトに1日24万ページビューものアクセスが殺到し、そのあたりから少しずつ風向きが変わっていきました。

同時にママ向けのマネー冊子をつくったり、ケータイからも加入できるようにしたり、吉本興業の芸人さんとコラボしたり。とにかくゲリラ戦だと思ってやれることはなんでもやりました。社長の出口は、会う人会う人に「ライフネット生命をよろしく」とハガキを配りました。道端でティッシュ配りの人を見たら、逆にハガキを渡すのが出口です（笑）。とにかく必死になんでもやっていった結果、2012年3月、我々がひとつの目標としていた株式上場を果たすことができたのです。

〝何をやるか〟より〝誰とやるか〟

こうして、私はまったく経験がない生命保険業界に飛び込んだのですが、講演などに出向くと「仕事を選ぶうえで大切にしていることは何ですか」とよく聞かれます。そもそも、私は前述のように留学するまでの間に2度転職しています。口の悪い先輩からは「お前は飽きっぽいやつだ」と言われたこともありました。

しかし、これまでの人生を振り返ってみると、仕事の選び方において大切なことが3つあったのではないかと思います。

ひとつは、**「何をやるか」より「誰とやるか」**ということです。まず私は大学在学中に司法試験に合格しているので、自分でも弁護士になるものだと思っていました。しかしその考えは、新卒で入社することになるボストン・コンサルティング・グループ東京事務所で、2週間のインターンを経験して変わりました。プロ意識が高くイキイキと働いている人たちを見て、単純にこの人たちと一緒に働きたいと思ったのです。

もちろん、司法試験に合格したあと、事務所訪問をして実際に弁護士の先生方とお会いする機会もありましたが、「こういう弁護士になりたい」と思える、私にとってのロールモデルになるような先生と出会えなかったんですね。現在の仕事に関しても、まず起業しようと決意したのは、投資家の方と出口という2人との出会いがあったからです。

誤解を恐れずに言うと、**何をやるかは実はどうでもいいこと**なのだと思います。というのも、一般的に文系の大学を出た人がする仕事は企画・営業・管理・生産などですが、**こうした仕事はメーカーでもサービス業でも、つまりどの会社でもさほど変わらない**と思うからです。むしろ、「なんだかよくわからないけど、この人と一緒に仕事をしたい」と思える、いい仲間と仕事をすることが大切なのではないかと思っています。

起業する人にはいろいろなパターンがあると思います。たとえば、何かをしたくて仕方がない人です。洋服が好きで好きで仕方がない、ラーメンが好きで好きで仕方がなくて起業する人です。ほかにも、何をするかは決めていないけど、ベンチャー企業をとにかくつくりたいという人もいると思います。

私は何か特別なことがしたかったわけでも、ベンチャー企業をつくりたかったわけでもありません。とにかく自分が本当に尊敬できて、一緒に仕事をしたいという人たちに囲まれていることを大事にしています。結果的に起業という選択がよかったと思います。

起業して一番よかったことは、簡単に言えば、ライフネット生命は出口と2人で始めた会社であり、当時私が副社長だったので、入ってくる社員を全員面接できたんですよ（笑）。どんな会社組織でも好きになれない人や苦手な人がいるものですが、ゼロからつくった会社であり自分で仲間を選べるので、結果的に自分がいっしょに仕事をしたいという人に囲まれる環境をつくれていると思います。「何をやるか」はあとからついてきたのかもしれません。

2つ目は、**自分にしかできない「何か」がある**ということです。冒頭でも触れたように、せっかくやるならば、自分にしかできない何かを形にするという姿勢が大切だと思うのです。

コピーのとり方ひとつとっても、誰がやるかによってまったく違いますよね。雑な人、丁寧な人、頼んでいないのに資料をつけてくれる人。シンプルな仕事ですら、誰がやるかでまったく変わるものです。**自分が創造性を発揮する余**

地というのは、実はどんな仕事にでもいくらでもあると思うのです。

3つ目は、**社会に足跡を残す仕事**であるかどうかです。たとえば、学校の教師は嫌いだった人も含めて覚えているものですよね。人の人生に影響を与えるというのはすばらしい仕事だと思います。建築家、不動産会社ならビルが建ち後世に残ります。何らかの形で社会に足跡を残せる仕事を、自分もできたらいいなと、常々思っているのです。

そして、これらは、言い換えれば**「何のために働くのか」**ということでもあるのです。

譲れない〝プリンシプル〟を持て

さて、28歳で留学のために渡米したという話はすでに触れましたが、HBSのMBAプログラムで勉強していたカリキュラムは、会計、マーケティング、ファイナンス、リーダーシップ、オペレーションなど相当数ありました。この2年間を通して、自分自身のなかで、ビジネススキルの基盤が強化されたという実感はあります。ただ、私にとっての何よりの収穫は、世界80か国から集まった魅力あふれる精鋭たちと議論を交わす濃密な時間のなかで、**この先、自分はどういうビジネスパーソンでありたいか**を深く考えさせられ、格段に視野を広げることができたことでした。教授陣が繰り返し私たちに投げかけた**"Transformational Experience／変革する体験)"**という言葉どおり、私の人生観は大きく変わったのです。

ここからは、そんな私の人生観を変えた6つの学びを簡単に紹介していきたいと思います。いずれのテーマも明確な答えがあるわけではなく、むしろ人によって、その答えは違うのだと思います。何より、これらを紹介することが、皆さんにとって数歩引いた立場から自分自身を見つめ直し、これからどういう道を歩んでいくのかを再考する契機となることを願っています。

ひとつ目は、**あなたにとってプリンシプル(principle)とは何か**、というテーマです。

渡米してすぐに「近代資本主義の到来」という、経営史やリーダーシップ、倫理観を横断して考える授業があり、ここでまず鮮烈な体験をします。

授業の教材となる事例は、第2次世界大戦下のドイツ銀行でした。ナチスの方針に従い、企業内でもユダヤ人迫害が始まっていた時代。私たちの課題は、「当時のユダヤ人の頭取が、ナチスに排斥される運命を前に役員であるあなたに助けを求める悲痛な手紙を出します。それに対する返事を書きなさい」

というものでした。

正直なところ、日本から来ていきなり「ナチスに排斥される人への手紙」と言われても、いまいちピンときませんでした。何か、映画の世界のような感覚と言えばいいでしょうか。それで、差し障りのない答えを書いて提出しました。

授業が終わって芝生の上で明太子おにぎりを食べていると、カメルーンの留学生がやって来ました。「ダイスケ、さっきの質問にどう答えた？」と言われ、私はこう答えたんですね。

「正直、あんなことを言われてもよくわからないから、僕は『とにかくあなたは逃げてくれ』と返事を書いたよ。僕も助けたいけれど、現実的に考えると自分のみならず家族にも危害が加えられるかもしれないじゃないか。それで、スイスかどこかの海外支店への転勤を促して、できる限りの経済的支援をするという返事をしたんだ」

そう答えると、彼は急に怒り始めました。「君にはプリンシプルというものがないのか」と。そして、こう続けました。

「僕は、たとえ自分の身に何があっても仲間を見捨てない。それが僕のプリンシプルだからだ。君は、戦時の問題と現代の一連の企業スキャンダルとでは本質がまったく違うと言うけれど、何も変わらないよ。そこには、普通の生活があり仕事があったんだ。平時から自分の拠《よ》って立つ指針を明確に持っていないと、必ず少しずつ巻き込まれておかしな方向に向かっていく。だから、自分が守るべきプリンシプルを持つことは大切なんだ」

私はそれを聞いて、自分がいかに平和ボケしていたかを痛感させられました。これまでの人生、その場その場で、上手に対応さえすればなんとかうまくいくと考えていなかっただろうか、そう思ったのです。

そして、初めてそこで「プリンシプルとは何か」という果てしない議論に巻き込まれたわけです。

そもそも、プリンシプルという言葉にぴったりの日本語訳はありません。あえて言えば**「信念」「原理原則」「基準」**といったところでしょうか。

判断を迫られたとき、果たして自分はどのような対応をするのか。自分にとって、ほかのものを失ってもいいと思えるくらい大切なものとは何なのか。それからも幾度となく、いろいろな外国人留学生との間で議論を重ねることになります。

日本語にプリンシプルにぴったりな訳がないのは、日本にはそうした概念がないからかもしれないですね。ただ、〝プリンシプルを持った生き方〟の反対語はあるような気がしました。それは**〝行き当たりばったり〟**です。

卒業後、私は経営者としての道をたどることになるわけですが、リーダーの意思決定が一個人の価値観を反映するものであるとするならば、自分のなかでルールをつくり、それに従って生きていくことの大切さ、特に、その**プリンシプルを持つことの大切さ**ということを考えさせられました。

社会を変える〝起業家精神〟を持て

2つ目のテーマは、**起業家精神**です。これは、ひたすら**〝機会〟を追い求める**、その姿勢を指します。

以前から、起業することになんとなく興味を持ってはいましたが、やはりアメリカに住んでみると、いかにベンチャーが社会を変えているかを肌で感じます。ベンチャーの定義はいろいろありますが、約30年以内にできた比較的新しい会社と捉えるならば、アメリカでの暮らしは、ほとんどその間にできた会社のサービスによって賄われていることがわかります。

たとえば、こういうことです。ルーターはCicsco Systems、コンピュータはＤＥＬを使って、本はアマゾンで購入し、それを届けてくれるのはイェール大学の卒業生がつくった企業のＦｅｄＥｘです。文房具は、ハーバードの卒業生がつくったステイプルズというオフィス用品専門店で買い求め、オーガニックが揃うスーパーマーケット、ホールフーズで食料品を購入し、スターバックスでお茶を飲む。

当時、日本でベンチャーというと亜流なイメージがありましたが、アメリカでは社会の中心にあり、実際に新しいビジネスが社会を変えていることを肌で感じて、自分も将来そういう仕事に就きたい、と考えるようになりました。

自分なりの意見を持ち世界に出ろ

3つ目は、**グローバル化**です。これについては、『フラット化する世界』（伏見威蕃《いわん》訳、日本経済新聞社刊、2006年）という本が教材のひとつでした。著者はトーマス・フリードマンというニューヨーク・タイムズのコラムニストで、世界的に話題になったのでお読みになった方もいるかもしれません。

この本が出版された2005年は、この先、インターネットとグローバリゼーションの波に呑まれて世界がひとつになると言われていた時代です。そして、この本には、世界がひとつになっていくことを象徴して、次のような主旨のことが書かれています。アメリカ人である自分の子供たち世代は、今後、優秀な中国人やインド人たちと仕事を取り合うことになる、そのグローバル化の波に一挙に呑み込まれることが非常に不憫《ふびん》でならない――。

確かに、その頃のボストンやニューヨーク、サンフランシスコでは、どんどん世界の垣根が低くなっているという勢いを感じました。たとえばボーイング社のジェット機の開発プロジェクトにロシアの科学者も入れたり、東欧のエンジニアと南米のエンジニアが共同でインターネットのプロジェクトに取り組んでいたり。きわめてインターナショナルな空気のなか、英語とインターネットで世界がひとつになっていきました。また、そうして世界の価値観が均質化されていく一方で、日本だけが取り残されて孤立していくようにも見えていました。

ただ、当時は私自身、こうした状況は日本には無縁な世界だと思っていたのです。つまり、我々が中国人と争って仕事の取り合いをするなんて、その頃は考えられなかったのです。それが今や、新卒入社試験にも中国人の学生が大勢来ていますよね。当社も2012年の4月に新人2名を採用したうち、ひとりは中国人でした。ますますフラット化していく世界というものを感じています。

今日のグローバル経済において、若い人はどんどん世界に出ていくべきだと思います。特に中国や韓国、台湾、東南アジアに視野を広げることで、ビジネスの可能性は広がるはずです。

障壁となりやすいのは、言葉の問題だと思います。しかし、必ずしもネイティブのように話せることが求められているわけではないのです。実際、世界で活躍しているビジネスパーソンは、**非ネイティブスピーカーのほうが圧倒的に多い**。アジア人は英語が下手でも臆することなく、バンバン発言します。**議論をし合える英語力こそが、これからは必要**だということです。ちなみに、MBAのクラスでは90人のうち3人が落第しましたが、3人ともアメリカ人でした。大事なのは、伝えたいコンテンツがあるということです。

これに関して面白い例があります。また会長の出口の話になりますが、出口はこれまで海外赴任の経験はあるものの、お世辞にも英語がうまいとは言えません。先日、外国人のお客さんと食事をする機会がありました。行く前は「英語ができる岩瀬くんと一緒なんて恥ずかしいな」と言っていたのですが、いざ行ってみるとしゃべりっ放しなんです（笑）。そして、宴もたけなわというときに、こういうことを言ったんですね。

"I think there are three types of human beings."（人間には3種類いる）

"Hamlet, Don Giovanni, Don Quixote. I want to be Don Quixote."（ハムレット、ドン・ジョヴァンニ、ドン・キホーテ。私はドン・キホーテになりたい）

非常に伝わってくるものがありますよね。文法だけを見れば中学レベルですが、圧倒的なコンテンツがあるから強いのです。大切なのは言葉そのものではなく、いかに自分なりの世界観を持っているかです。さらに言えば、これから世界に出ようとするときに必要なのは、今世界で何が起こり、何が課題になっているかを知り、**一つひとつに対する自分なりの意見を持つ**ことです。

海外ではあらゆることに対して意見を求められます。日本では議論を避けて通るところがありますが、海外ではたとえ真っ向から意見が対立してもいいという風土があります。その際の**意見は稚拙でもいい**のです。**自分の意見を持ち、それをきちんと言えるか**どうかを見られています。

経済構造を正しく理解する

4つ目は**金融資本主義**についてです。私がHBSを卒業した2006年は金融バブルのピークで、2007年からサブプライム危機が少しずつ始まりました。

私は2年生になる前の夏休み、インターンとしてウォール街にある某ヘッジファンドで8週間、香港オフィスで2週間働く機会に恵まれました。メンバーは皆若く、ふと隣を見ると、27歳ぐらいの若者が何百億ドルもの運用を任され、大手投資銀行の幹部や投資先の企業の経営陣と渡り合っていました。

私は留学直前まで投資ファンドで働いていたので、たとえるなら、メジャーリーグの野球を見ているような感覚に近かったですね。その勢いに圧倒され、私もいずれ大きな何かを任されるような仕事に就きたいなと思いました。そうして9割はすごいなあと思いましたが、残りの1割は「これ、大丈夫なのかな」と思ったのを覚えています。

というのは、その頃のファンド・マネージャーの年俸は円換算で言うと1億円どころではなく、10億円、100億円、1000億円稼いだという人たちが出てきていたんですね。世界的な低金利のなか、アメリカも含めて、世界中がお金を刷りまくる過剰流動性が起きて、少しでもいい利回りを求めて年金基金などのファンドに莫大《ばくだい》なお金が集まってきていたわけです。彼らはそうした運用の担い手として、自己資金を投じるリスクをとる代わりに、収益の一部を成功報酬としてもらっていました。それが2008年にドーンとはじけるのですが、私はその直前に何が起きていたのかを目の当たりにしたのです。

ほんのひと握りの人たちが巨額の富を得る格差社会の構造は、単純に善悪で結論づけられるような問題ではないのは確かです。ただ、私は小学校2年生から5年間をイギリスで過ごし、大学を卒業してからはアメリカ系企業を渡り歩いてきたので、ある程度は欧米社会を、特にアメリカという国を理解しているつもりでいました。しかし、渡米してみると、表面的なところしか理解していなかったことに気づかされるわけです。

経営という観点でも、アメリカの社会経済システムには一定の原理原則が働いており、経営者の役割はとにかく資本効率を上げて、株主の収益を上げることだと信じてやまない人たちがほとんどです。それゆえ経営者には莫大な報酬が約束され、経営は短期的な株価連動に振り回されてしまう。

社会的責任を持つ企業は、長期的な価値創造を目的とし資本効率の運用向上を図ることが求められます。そして本来、その手段として株主の権利や市場があるべきところを、それ自体が目的となるような、この行き過ぎた株主資本主義に違和感を覚えざるを得ませんでした。

そもそも、日本人の精神からすると当たり前の、**従業員を大切にする、顧客を大切にする、地域社会を大切にする**といった、いろいろなステークホルダーがあるはずです。しかし、HBSでも株主価値の最大化こそが経営者の使命だと唱える学生が多く、そのたびに議論を交わすのですが、やはりなかなか通用しないんですね。

この頃から日本経済にも、だんだんアメリカ型経済モデルが投入されてきました。この現実を前に、我々はモデルを安易に礼賛したり、あるいは否定したりするわけではなく、**両国の社会構造の基盤をまずは正しく理解する**ということが、大きな意味を持つのだと感じています。

社会的企業の持続的な取り組み

5つ目は、日本でも最近話題の**社会的企業**についてです。2005年当時の日本では、まだそうした言葉や概念は一般的ではありませんでした。その頃からHBSでは、ビジネスの世界のノウハウを使って非営利事業をどう成長させるかという研究が盛んに行われていました。

考えてみると、非営利団体でも営利団体でも「一生懸命自分たちの思いを伝えてお金を集め、人を雇い、さらにそうした限られた資本を効率的に使い、何らかの結果を出し、そこで得られたものをまた再投資する」といった意味においては一緒なんですね。初めてそういった考えに触れて、非常に刺激を受けました。

教授のひとりは、南米のマイクロファイナンス（貧困者向けに商業的な利率で少額の貸し付けを行い、自立を支援する試みを行う業態）のNPOのトップでした。以前は経営破綻の企業を再生させる、いわゆるハゲタカファンドで巨額の利益を出していた人です。彼は、生まれ育った南米に帰ってマイクロファイナンスを立ち上げ、慈善事業の域を越えるための事業拡大の基盤をつくってきました。

ウォール街でやれることはやり尽くした人が、社会を変えるために取り組み、教授として人材育成にも携わっているわけです。私は彼のマイクロファイナンスのボランティアとして少し手伝ったこともあって、こうした活動について深く考えさせられたんですね。

このテーマにおいて、もうひとつ印象的だったのは、NPOの代表者が集まるイベントでの基調講演で、ある代表者が語った言葉でした。その方は非営利事業での取り組みから得た教訓を「大聖堂を建てる仕事」にたとえて次のように語っていました。

「中世イタリアの大聖堂の建築において、職人は自分たちが死ぬまでには完成しないプロジェクトに携っていた。それでも、彼らは必ずそれが後世に残る、そして生きると信じて、コツコツとレンガを運び続けていたのだ」

自分たちが生きている間に結果を見られない仕事をやるのはどんな気分なんだろうと、私などはつい思ってしまいます。そして、彼はこう締めくくりました。

「世の中には、こうして一世代では解決できないような大きな課題がたくさんあると思う。しかしそこで我々はあきらめるのではなく、**中世イタリアの職人**

のように少しずつ前に進めていく仕事をしていかなければならないのではないだろうか」

非常に示唆に富む言葉だと思いませんか。

職業人としての幸せとは何かを考える

最後は、**"Knowing just enough"（足ることを知る）**という言葉です。

授業では、何度となく**「職業人としての成功や幸せとは何か」**という青臭い議論を交わしていました。皆、30歳前後といういい大人ですが、社会で5、6年働き、もう1回学校に戻ることを選び、これからまた社会人生活に戻ろうとしている。そこに共通してあったのは「がむしゃらに働いて気づいたら終わっていた、というふうにはなりたくないよね」という感覚でした。

そして私自身が2年間をかけて得た結論は、教授が書いた本のなかにあった

"Knowing just enough"という言葉でした。

私は、人生とは、言わば大陸を鉄道で横断する旅のようなものではないか、と考えるに至りました。イメージしてみてください。ヨーロッパ大陸を旅するために、北から南に向かって鉄道でトコトコ移動している様子を。もし、早くたどり着くのが目的だとしたら飛行機に乗ればいいわけですよね。でも、私はあえて鉄道でゆっくり行きたい、と思いました。

振り返ると、私の20代はとにかく早く目的地に着きたいとばかり考えていました。たとえば学生時代は、早く試験に受かりたいと思っていたし、就職したら早くマネージャーになりたい、早く留学したいと、いつも何かしらの目標を持ってそこに向かって突き進んでいた。

そうすると、常に自分が、どこか不完全な存在のように感じてしまうんですね。目的地が100だとすると、自分はそれに向かっている50、60、70の存在。けれども、いざゴールに着いても、また次の目標ができるからどこかが不足しているわけです。そうした感覚も、この2年間でなくなりました。

私にとっては、**早く着くことが目的ではなく、旅そのものが目的に**

なったということです。それは、車窓からの風景を楽しむことや、たまたま居合わせた人との他愛もない会話を楽しむこと、窓を開けて入ってくる風を楽しむことかもしれない。**その瞬間、瞬間を大切にして、満足感を得ながら過ごそうと考えられる**ようになったんですね。

ライフネット生命は、準備期間を入れると7年以上、開業してから5年以上が経ちます。私たちが「こうありたい」と思う姿と比べると、今はまだ100分の一ぐらいの姿です。昔の自分だったら、「早く前に行きたい」という焦りを感じたと思うのですが、今はそうは感じません。**たとえ苦しいときでも、尊敬している仲間とともに頑張っているその瞬間、瞬間こそが、仕事をする、あるいは生きるということ**なのだろう。大げさかもしれませんが、そう感じています。

新世代の横顔 2
～岩瀬大輔さんの場合

Q1 今の仕事の一番の魅力は何ですか?

尊敬する仲間と日夜、難しいことに挑戦できること。

Q2 自分の性格をひと言でいうと?

他人のいいところを見つけて、それをうまく取り入れる。

Q3 休日の過ごし方を教えてください。

ランニング、映画、読書など。

Q4 影響を受けた本、座右の書があれば教えてください。

ケインズ『雇用、利子および貨幣の一般理論』(上・下。岩波文庫)。

Q5 尊敬する人、憧れの人を教えてください。

Twitter、Square(スマートフォンでクレジットカード決済ができるサービス)の創業者、ジャック・ドーシー。

Q6 いま現在の仕事の目標は?

ライフネット生命を100年後に世界一の保険会社にする。

Q7 苦境にいる後輩たちにメッセージをお願いします。

得意淡然、失意泰然(物事がうまくいっているときは淡々と謙虚に、うまくいっていないときは落ち込まずに堂々と構えよ)。

Q8 あなたにとっての最強のリラックスアイテム、リラックス方法を教えてください。

ジャズを聴くこと、演奏すること。

episode 3

“当事者意識”を持ち社会をリデザインする

野村不動産
刈内一博

© 杉浦弘樹

刈内一博
（かりうち・かずひろ）

1978年生まれ。野村不動産株式会社で分穣マンション「PROUD」の事業推進・建築部門を経て、商品開発部時代、産民官学共同で都市と農村とのサスティナブルな相互扶助関係を探る「かやぶきの里プロジェクト」、ポスト団塊ジュニア世代の暮らしと住まいを考える「PDJプロジェクト」を起案した。現在は開発企画部で海外展開に従事している。

刈内さんは、サラリーマンの可能性を最大限追求するよいお手本となるだろう。わずか2年間で「かやぶきの里プロジェクト」「PDJ（ポスト団塊ジュニア）プロジェクト」という2つの社内プロジェクトを立ち上げた。

あるときは里山で田植えをしたり、あるときは企画会議をUSTREAMで生放送したりと「出る杭」になることを厭《いと》わない積極性と行動力により、「かやぶきの里プロジェクト」は2013年度のグッドデザイン賞まで獲得してしまった。

成功のポイントは、巧みな「仕組みづくり」。物事は、斬新なアイデアを考えるだけでは実現しない。それに関わるすべての人がメリットを感じなくてはいけない、というのが彼の考えだ。持続可能な仕組みを設計する刈内さんの仕事哲学を通して、僕たちは「サラリーマンこそ面白い仕事ができる」ということを実感することができる。

縮小社会をリデザインする

私は野村不動産というデベロッパー（大規模に住宅やオフィスビルなどを開発する会社）に勤めています。デベロッパーで働く人間としてはやや特殊で、大学では芸術学部のようなところで建築デザインを専攻していました。周りはアーティスト志望も多かったのですが、私はデザインの仕事をしたいと思っていました。なかでも、まさに今取り組んでいるような、仕組みをつくる無形のデザインです。そして、人々が暮らす街や家、さらに暮らし自体を、事業主として〝主体的〟に仕掛けていけるポジションはデベロッパーの特権です。

また、斬新で面白い住宅をつくりたいのならば建築家になればいいとも思いますが、マスマーケットやマジョリティ市場に携わりたいという思いがあります。ひとつの作品で三歩先を提案するような建築家も立派な仕事だと思いますが、たとえ、たった半歩であってもマジョリティ市場に働きかけるほうが、リアリティがあって楽しいのです。まさに「未来をつくる仕事」だと思います。

そんな私が2011年から取り組んできたのが、「かやぶきの里プロジェクト」

刈内一博

です。これは産民官学共同プロジェクトで、産＝野村不動産、民＝筑波山麓グリーン・ツーリズム推進協議会（地元の自治組織でＮＰＯ、設計事務所等から成る任意団体）、官＝つくば市、学＝筑波大学という四者で社会課題に取り組んでいます。

そして、４者の中心にいる主役は**「都市生活者」**と**「地域住民」**です。都市生活者とは、野村不動産の抱えるステークホルダーとして分譲住宅に住んでいるオーナーさんや、オフィスビルのテナントさん、あるいは当社グループの社員やその家族を指します。都市生活者と地域住民をつなげて、自然環境の保全や里山文化の継承を目指して活動しましょう、という取り組みです。

これは、もともと私が学生時代に研究していたテーマのひとつで、２年前に商品開発部に異動したのを機に、大学時代の指導教官に相談しに行ったことから始まったプロジェクトです。

プロジェクトの背景にあるのは、都市と農村が抱える社会課題です。現代の日本には過疎化と少子高齢化で荒廃が進む農村がたくさんあり、自分たちだけでは再建できない状況に陥るケースが多く見受けられます。

一方、都市に暮らす子どもたちのおじいちゃん、おばあちゃんは戦後生まれの団塊世代、つまり高度経済成長期に都市部へ移住された方が多く、東京のマンションや大阪の団地に住んでいるケースが多いんですね。すると、自然豊かな故郷《ふるさと》を持たない子どもたちが上の世代と比べて圧倒的に多いんです。そういった現状を嘆く親御さんも多い。

私はここに大きなニーズがあると思いました。都市と農村をつなぐ、サステイナブルな相互補助関係を生む仕組みをつくることによって、**縮小社会を迎える日本を、〝リデザイン〟する**ことができるのではないかと思ったのです。

「縮小する日本社会」は、私が取り組む大きなテーマです。今日本では、人口の減少、少子高齢化がこれからの社会における大きな課題となっています。

1900年から2000年までの100年間で、日本の人口は約3倍にふくれ上がりました。しかし、これからは、その逆の道を歩むといわれています。大げさに言えば、日本史上初の大規模な人口減少局面を迎えるということです。すごいスピードで人口が減っていくなかで、どうやって生きていけばいいのだろうかということを、真剣に考えていかなくてはいけない時代が到来したのだと思います。

〝大きくなる〟ことに対する幸福論はだいたいの人が持っていますよね。売り上げが増えました、大きな家に引っ越しました、子どもがたくさん生まれました。みんな、大きくなることはだいたいハッピーだと考えます。これに対して、**〝小さくなる〟ことがハッピーだというロジックは理解しにくい**ですよね。しかし、これからは小さくなることをどうやってハッピーに変えていけばいいのかを考えることが重要だと思います。

当然ながら会社の売り上げだって小さくなっていくかもしれない。マクロに見ると日本が縮小していくのは確実で、この大きな流れを変えるのは到底無理です。縮小していくことを前提とした社会背景のなかでどうやって幸せをつくっていけるのか。

今ある日本の社会構造というのは、基本的に過去100年の拡大社会をベースにつくられたものがほとんどです。それを今後、**縮小社会向けの社会構造や考え方に、リデザインしていく必要がある**ということになります。

そして、「かやぶきの里プロジェクト」では、都市と農村とのかかわり方をリデザインしましょう、というのが大きな軸としてありました。

里山文化を継承する

「かやぶきの里プロジェクト」の舞台は、筑波山の山あいに位置する人口２０００人ほどの長閑《のどか》な農村、田井《たい》地区（茨城県つくば市）で、豊かな自然環境と美しい里山文化が育まれています。ここで「都市生活者が筑波山麓を訪れ、里山体験イベントを通じて自然環境の保全と里山文化継承の意義を学ぶ」ことを目的に活動しています。

この取り組みについて紹介するにあたり、まず、里山とは何かをお話ししたいと思います。わかりやすいところで言うと、里山と対比的なのは奥山です。人間が立ち入らない、神様が住むと信じられてきた深い森です。それに対して、里山というのは、人間が立ち入ることが前提にあります。人間の生活は昔から里山と共存関係にありました。山から伐《き》ってきた木を薪炭材《しんたんざい》などにして、生活に必要なエネルギーや資材を手にする。その代わり、人間が手を加えることで、里山も成り立っていました。ところが、経済成長と拡大社会のなかで、人間はこの里山との共存関係をやめてしまったのです。そして、やめてしまったことによって、里山が荒廃しているというのがひとつの社会現象としてあります。

また、**里山には将来的なエネルギー問題解消の手がかりがあると言われています**。

昨今は東日本大震災に端を発した原子力発電の使用の是非や、化石燃料の枯渇問題が議論されています。

実は、現代においても日本にある里山の薪炭材で約3000万人分の生活に必要なエネルギーが賄えると言われています。日本が急速な経済成長を迎える前、1900年の人口は約4000万人ですが、人々の多くは薪炭材のエネルギーを利用して生活していました。

そういったエネルギー問題解消の手がかりとして、里山の文化を残すことに意義があるのではないかという提示でもあるのです。

協働で茅葺き小屋をつくる意義

このプロジェクトでは、ソフトとハード両面でのアプローチを行っています。

ソフト面では、都市生活者の子どもたちに故郷《ふるさと》をつくり、環境教育に寄与していくために、田植えや稲刈りなど、里山体験ができるイベントを開催し、これを通して自然環境の保全や里山文化の継承の意義を学んでもらいます。エンターテインメントと学びが半々ですね。おかげさまで大人気イベントとなり、応募が殺到しています。また、分譲住宅に住むオーナーさんに向けた会報誌にレポートを載せ、活動への参加を呼びかけています。仲間をつくって認知度を上げていくのが目的であり、いかに関心を持ってもらうかが重要です。田植えをしたあとは、稲刈りのイベントがあるのですが、その間の半年間は、稲が生長している様子や、「オタマジャクシに後ろ足が生えてきました」といった情報をウェブで配信して、みんなが見られる仕組みをつくっています。

ハード面では、筑波山のふもとにあり、使われなくなった築150年の古民家を譲り受けて移築再生し、セルフビルドで茅葺《かやぶ》き小屋をつくりました。都市農村交流の拠点と里山文化継承の象徴として、再利用可能な建材を用いています。伝統的な建築様式で木と草と土だけでつくられており、すべてリサイクルできるのです。150年前の木材、150年前に塗られた土を活かしているんです。

また、茅葺きのカヤにはススキなどを使うのですが、本来の里山では、その集落の屋根の修繕はススキの生長するサイクルに合わせて行われるため、基本的には、自然が生産されていくスピードと消費されていくスピードが合致しています。つまり、**伝統的なこの建築様式自体が循環型社会を実現している**と言えます。このプロジェクトでは、茅葺き小屋を循環型社会の象徴として位置づけているのです。

特筆すべきは、移築再生にかかる費用は野村不動産が協賛しているのですが、実際につくったのは、地域の方々、筑波大学の学生、野村不動産の顧客である都市生活者の方たち、野村不動産の社員とその家族など、プロジェクトに関わる人たちであるという点です。みんなで力を合わせて、屋根材に使用するため山で竹を伐ったり、茅葺き屋根の下ごしらえをしたり、土壁を塗ったり、茅葺きをしたりしました。

もちろん専門的な作業は職人さんや専門家に任せなくてはいけないのですが、そうして**つくる工程を共有して「私もこれをつくったんだ」と思ってもらえることが大切**です。後継者の少ない茅葺き職人の技術を次世代につないでいくという点も大きな意義があると思っています。

多角的な視点で複雑な課題に挑む

こうした複雑な社会課題というのは、往々にして利害関係者が多いため、一民間企業のロジックだけで進めるとあまりうまくいかないものです。

物事には必ず多面性があります。野村不動産(=民間企業)から見えているものと、筑波大学(=アカデミック)から見えているもの、地域住民から見えているものなど、それぞれの立場によって見えているものは違います。そのときに、単眼的に見て進めてしまうと必ずひずみを生みます。物事を複眼的に見るためにあえて〝タレント〟を増やしたのが、このプロジェクトのこだわりのひとつです。

ですから、ミーティングをすると、大学の先生や学生、地元のおじいちゃん、NPOの代表の方などいろいろな人が集まるので、やはりみんな言うことがバラバラなのです。当然ですが、なかなかまとまらない。「このプロジェクトはそもそも何なの？」という話し合いから始まるのですが、その後もミーティングをするたびに「そもそも論」が出てくるのです。

ただ、1年、2年というスパンで話していくなかで、相手の立場や考えがだんだん共有されていきます。そうすると、徐々に理解が得られ話が進むようになるのです。確かに、**一歩一歩の歩みは遅く、なかなか物事がまとまらないのですが、着実に進めているの**ので、しっかりと地に足が着いている。関係者間でひずみを生まずにプロジェクトを進めてこられたことは、このプロジェクトの成功の要因のひとつだと思っています。

また、こうした話し合いの場では、**相手方に合わせたわかりやすい言語に翻訳しながら話すということも大切**です。地域のご高齢の方にとって〝リデザイン〟という言葉はわかりづらいですよね。地域の方には地域の方向けの言語を使うし、NPOの方にはNPOの方向け、会社には会社向けの言語を使うので、トリリンガルのようなイメージです。これは、日常的なビジネスにおいても必要な能力だと思います。

社会課題をビジネスで解く

さて、企業がこうした自然環境の保全や文化の継承などというテーマに取り組む場合には、従来だと、ＣＳＲ（Corporate Social Responsibility／企業の社会的責任）の観点から考えられることが多かったのですが、それだとどうしても一過性のものになりがちです。「今年は予算があるけど来年はわからないよ」「今年はお手伝いできるけど来年は知らないよ」といったことになりかねない。

そうしたことを避けるために、このプロジェクトでは、ＣＳＶ（Creating Shared Value／共通価値の創造）の概念を取り入れることにこだわりました。民間企業には、営利目的の事業活動のなかで得られるバリューがあり、それが結果的に一部地域社会にシェアされている、というのがＣＳＶの概念です。

我々の位置づけは、これはボランティア活動、利他的な活動ではなく、あくまで利己的な活動だということです。それを通して、結果として他者に対してもそのバリューがシェアされているというものを目指しましょう、という考え方です。それによって、**永続性のある中長期的な活動が担保できます**。

とはいえ、地域の方にはCSVという認識はないですし、会社の反応を見ても「CSR」とか「ボランティア」といった言葉でなければ理解してもらえないケースが多いです。もちろんこうした活動も大切ですが、この種の社会課題は永続性のあるビジネスで解くことが大事だと思っています。

経験を共有して理解を促す

さて、茅葺き小屋をつくる際には、その日程に合わせて野村不動産の社員向けに「茅葺きの里づくりツアー」を企画して、約80人の社員とその家族をバスで連れていきました。

バス代などは、社内の研修をつかさどる部署の責任者に直談判して、社員研修として予算取りしました。実は、このツアーには2つのねらいがあったのです。

ひとつは、**会社の仲間を増やす**ことでした。プロジェクトを立ち上げて約2年ぐらいですが、立ち上げ当初の社員の反応は、「なんで不動産会社が田植えやってるの?」といったクエスチョンマークがついている状態でした。なかなか理解を得られず、正直、反対派のほうが多数だったと思います。そこで、実際に現地に行って、ツアーに参加して一緒に汗を流してもらえれば、活動を応援する仲間になってくれると考えたんですね。

実際、ツアーは土日だったのですが、月曜日に出社してみると「週末、刈内に誘われて山から竹を伐ってきたら結構楽しくてさ」「現地に行ってみるとすごくいいところでさ」と、このプロジェクトに対して前向きな声が多く聞こえました。そうした活動の積み重ねから、だんだんと活動に理解が得られるようになっていったのです。ツアーの勧誘に、1000人近く働くオフィスをひとりで頭を下げて3周した甲斐がありました(笑)。

もうひとつは、**地域の方の理解を得る**ことでした。地域の方からすると、最初の段階ではもろ手を挙げてウェルカムというわけではないのです。野村不動産という会社が、まるで黒船のような存在に見えるのでしょう。私自身、地域の方といろいろお話ししていくなかで、一個人としては受け入れてもらえたつもりですが、会社となると話は別です。「わが村が開発されてしまうのでは」と疑心暗鬼になっているところがありました。

社員と触れ合う場を設けて一緒に取り組むことで、意識が変わるのではないかと始めたのですが、結果は大成功でした。これによって、野村不動産に対する目も好意的になったと、のちにに地域の方から伺いました。完成した茅葺き小屋は、高齢者の多い地域住民の憩いの場としても活用されています。

ただ、このツアーのアイデアは、実は私から生まれたのではなく、地域の方からお話をいただいて実現したものです。その方にも多分、このままではうまくいかないのではないか、という不安があったと思うんですよね。地域の方という立場で状況を見た時に、それがとても大事なことだと思ったから提案してくれたのだと思います。実際にやってみたら、やはりそれが答えとして正しかったので、最初の話に戻りますが、「多角的な視点で取り組む」というのは非常に大事だと思った一件でした。

〝既成事実〟をつくり共感の輪を広げる

さて、こうした活動は、これまでテレビや新聞、雑誌などでも取り上げていただいて、社会的な賛同を得ています。

最初に日経新聞に載ったのは、プロジェクトが始まって半年ほど経った頃。「野村不動産が分譲マンション入居者向けに里山体験のサービスを提供し始める」といった内容が大きく掲載されました。

プロジェクトを始めた当初から、社会で認知してもらうためにはメディアを活用したいと考えていました。ただ、プレスリリースを打つには、プロジェクトの社内認知が低く、実績もないため、社内調整が難しい上、何より担当者の想いがうまく伝わらないと感じていました。

そこで私は何をしたかというと、直属の上司と広報部の責任者に対して話を通したうえで、当事者として自ら新聞記者にプレゼンテーションをしました。そうして、新聞に記事が載ったというわけです。

そして、この後に茅葺き小屋の建設に関する寄付金として、社長決裁をとることになりました。ずいぶん心配をかけましたが、最後は理解を示してくれた上司には、本当に感謝しています。

新聞に載り、社長決裁をとり、里山体験イベントや社員向け茅葺きの里づくりツアーを実施するなかで、「かやぶきの里プロジェクト」は徐々に社内でも市民権を得ていきました。決定的だったのは、このプロジェクトが、２０１３年度のグッドデザイン賞を受賞したことです。３部門同時受賞に加え、「グッドデザイン・ベスト１００」に選出されるという会社始まって以来の快挙でした。この受賞によって、「会社として続けていきたい」「意義があった」という声も聞かれるようになり、臨界点を超えた感じがあります。

そして、この受賞によって、初めて正式にプレスリリースを出してもらうことになりました。最初は懐疑的だった地域の方も、一緒にとったこの賞をとても喜んでくれました。収穫したお米の一部は、ＣＳＲ活動の一環として東日本大震災の被災地に届け、被災者の方々に大変喜んでいただきました。

プロジェクトを始めてここまで約2年かかりましたが、一兵卒のサラリーマンがボトムアップで新しいことにチャレンジする場合、社内で市民権を得るには、やはりこうして**ジワジワと共感の輪を広げながら既成事実を積み上げる**やり方がいいと思います。

下部構造が上部構造を規定する

さて、もうひとつ、「縮小する社会」をテーマに私が進めてきたプロジェクトがあります。それが「ＰＤＪプロジェクト」です。これは、先に紹介したかやぶきの里プロジェクトとともに、2年前に商品開発部時代に始めた企画です。

「ＰＤＪ（ピー・ディー・ジェイ）」は「ポスト団塊ジュニア」の略語で、私の造語です。１９７６〜１９８５年に生まれて、２０１３年に28〜37歳を迎える世代のことです。ちなみに先代は「団塊ジュニア世代」、次代は「ゆとり世代」

と呼ばれていますよね。

この世代に注目したのは、結婚や出産などライフステージの変化に伴い、この世代が今後の住宅市場のメインターゲットとなるからです。また、私自身もこのPDJ世代であり、何よりも**自分の身に置き換えて、肌感覚で研究開発ができるのではないか**と思いました。

PDJ世代は、戦後の経済成長やバブルの好景気をリアルに感じることなく育った世代です。私は今35歳でPDJ世代なのですが、ざっと振り返ってみると、悪いニュースが多かった印象があります。たとえば今の30歳で考えると、8歳でバブルが崩壊して、10歳から就職氷河期になって、12歳のときに阪神淡路大震災と地下鉄サリン事件、18歳のときにアメリカの同時多発テロ事件が起きています。最近ではリーマンショックや東日本大震災もありました。世代として「損をしているな」と思っている人が多いのも、この世代の特徴だと思います。

それゆえ団塊ジュニア世代とは考え方や価値観がだいぶ違います。下のゆとり世代とも違うという意味で、過渡期ともいえます。PDJ世代はいろいろな価値観が混在していて、たとえば「やっぱり車はBMWっすよね」という人もいれば、「ゆるく生きたいです」という草食的な感覚を持った人もいます。流行語で言うとコギャル、ニート、草食系男子、家飲みなど、ポジティブなイメージが弱く、実際にどうかは別として、世代全体としては内向きに見られているのだと思います。世代を一くくりにするラベリングは仕方がないとも思いますが、状況を理解したうえで自分たちなりに考えていることを発信していきたいと思っています し、ビジネスとしてもこのＰＤＪ世代に向けて住まいのソリューションを提供していきたいと思ったのです。

「ＰＤＪプロジェクト」と「かやぶきの里プロジェクト」の共通点は**縮小社会**です。若者向けの住まいと、都市と農村とのかかわり方という双方の視点で、日本をどうリデザインしていくかというテーマに取り組みました。

そして、やはり先にも触れたように**縮小していく社会背景のなかでどうやって幸せをつくっていけるのか**。これはＰＤＪ世代一人ひとりが考えていかなければならないライフワークになっていくはずです。

それに加え、２０５５年には81歳の人口が一番多いという、超少子高齢化時代を迎えます。**「下部構造が上部構造を規定する」**という有名な言葉があります。その時代における経済や物質的な存在（下部構造）が、人間の意識やそれに基づく制度（上部構造）をつくるというのです。

たとえば、戦国時代には関西地域の木材が戦争の燃料としてほとんど使われてしまったために、それまで立派な木でつくられてきた家がどんどん細い木やよれよれの若い木でつくられるようになりました。それが、千利休の茶室などの細い木材で建てられた数寄屋《すきや》建築です。そうした小さな家に対して〝わび〟〝さび〟という**新しい価値**が与えられています。これからの時代は、同じようなことが起きてくるのではないかと思います。「上の世代は、車はベンツだのBMWだのというけれど、私たちはカーシェアリングのほうがクール」という現象もすでに起こりつつあることです。縮小社会にリデザインされたものを、自然と選んでいるのだと思います。

30代前半の男性の平均年収は、リーマンショックまでの10年で500万円台から300万円台へと下がっています。よく、「最近の若い人はお金を使わないよね」と判で押したように言われがちですが、彼らにまた高度経済成長期のような経済的な下部構造を与えた時には、また高級車を買い求めるような思考になると思うのです。

あくまで彼らはそういう社会に生きているだけであり、もともと「小さいものに魅力を感じる人間」として生まれてきているわけではないということです。下部構造が変われば上部構造も変わる、というのが私の持論です。

第三者を交えた多角的プロジェクト

そして、ＰＤＪプロジェクトにおける私のミッションは、この実体のつかみにくいＰＤＪ世代にマンションなど住宅を提供していくことです。**ニーズを正確に捉えられない状態では、市場に的を射たソリューションを提供することはできません。**また、従来の商品開発のプロセスではＰＤＪ世代の本質を捉えることが難しいのではないかと考えて、ＰＤＪプロジェクトを立ち上げました。

活動の肝としてまず取り組んだのは、〝ポスト団塊ジュニア世代の暮らしと住まいを考える会議〟である「ＰＤＪ－Ｌａｂ」、つまりラボラトリー（研究所）

をつくることでした。ＰＤＪ－Ｌａｂではほぼ毎月、デベロッパーやメーカー、広告代理店など企業に属する人たち、また若手建築家の猪熊純さんや安藤美冬さんのようなイノベーターの方々をお招きして、ＵＳＴＲＥＡＭで会議そのものを生放送していました。視聴者からの声もインタラクティブに拾えるような、ブレインストーミングの場にしたかったのです。また、ＰＤＪ－Ｌａｂで生まれたアイデアのひとつとして、ワークスタイルの変化に伴うコワーキングスペースの可能性を議論しました。そして、じっさいにコワーキングスペースをとりいれた新築分譲マンションを商品化したりしました。ＰＤＪプロジェクトは、**さまざまな立場の人たちがアイデアを出し合うなかで化学反応を起こし、単独では得難い知見を共有するオープン・イノベーション**という位置づけで取り組んでいました。

従来ならサラリーマンというのは、業務で社外の人と会うときには「会社」対「会社」の取引であり、会社のミッションを受けているのが一般的です。この考え方は変わらないのですが、たとえばＰＤＪ－Ｌａｂでは三井不動産さんの方に出ていただいたことがあります。野村不動産にとってはまさに「ド競合」の会社ですが、一緒に商品づくりの話をできるのは、オープン・イノベーションならでは。社内会議では得難い広がりを生みます。このように、**第三者とのお付き合いのなかでプロジェクトや企画を育んで、その歩調に合わせて会社と調整しながら実現していく**のが、2つのプロジェクトに共通するやり方です。

もちろん、私は決裁権がない一兵卒なので、第三者とそこですぐに取引もできなければ、物事を決めてくることも基本的にできません。そこで参加者と目線を合わせて「こういうことですよね。じゃあ、お互いにこれで調整しましょう」と声をかけ合ったうえで、それぞれが会社に持ち帰って調整をする。

これは、ただの取引とは違いますよね。**意識の差**の話なのです。「会社のミッションをこなせばOK」と思って仕事をしているのと、こうした意識で仕事をしているのとでは違いが大きいと思います。**仕事をやらされているのか、やっているのかの違い**といってもいいかもしれません。

仕事に当事者意識を持つ

最近、講演やイベントに呼ばれて、働き方についてお話しさせていただく機会があるのですが、サラリーマンの方からよく「どうやったらそんなふうにできるんですか？」と聞かれます。私は、そこで「まずは当事者になることが大切だと思います」と即答しています。要するに、やらされているのではなくて、自分がやりたくてやり始めたんだから、という**当事者意識を持つ**ことです。たとえば私も、「かやぶきの里プロジェクト」で、最初の半年間は一人で筑波山麓に通って、周囲は応援してくれないという孤独やジレンマがかなりありました。そうした**当事者としてのポジションについた時点で、もう前を向くしかないのです。**そこからは、「上司の指示なので」などという言い訳は何ひとつできませんから、完全に追い込まれているわけです。

それでも、自分が追い込まれるポジションをとって、背水の陣を敷いて矢面に立つということがすごく大事ですし、それがないとできなかったと思います。「かやぶきの里プロジェクト」にしても、お手伝いの立場だったなら、もしかしたら途中でやめていたかもしれません。もともと私は人よりもすごくモチベーションが高い人間とか、能力が高い人間とかではなく、凡庸な普通のサラリーマンなのです。ただ、当事者だったというだけです。

仕事に〝プラスアルファ〟を取り入れる

パラレルキャリアという言葉をご存じですか？　もともとは経営学者のピーター・ドラッカーの提唱した概念で、複数のキャリアを同時進行で持つことです。ドラッカーの提唱は、不安定な社会に対するセーフティネットという位置づけです。本業だけをやっているとその会社がつぶれたりしたときに急に無職になることがあるので、別の仕事もやりましょうという考えです。

しかし、ここで言うパラレルキャリアとは、そういった位置づけではなく、**本業をやりながら別のこともやることによって、１＋１＝３になる**ようなことができるよね、という働き方です。

ただ、ＰＤＪプロジェクトの最新調査によると、実際にそれをしたことがある人は、1000人に聞いて1人、つまり0・1％という現実があります。そもそも、パラレルキャリアという言葉を聞いたことがない人が約9割いますので、この言葉が認知されていないということもあります。

そして興味深いのは、単純に**「仕事を通して成長したい」**という人が実は約6割、過半数いることです。ここでの調査対象者にはワーカーだけでなく、専業主婦も含まれているので、感触としてはワーカーのほとんどがイエスと答えているんですよね。「仕事を通して成長したい」という思いは、多くのワーカーのモチベーションに基づいているのです。

そこで、私が提案したいのは、**会社から与えられているミッションに、自分なりにプラスアルファを取り入れてみる**ことです。この「プラスアルファ」は当然、会社からやれと言われたことではないのが前提です。要するに、余計な仕事をやりましょう、という感覚に近い。

そうして、サラリーマンとして組織のなかで自分の働き方を変えていくと、まず社員が成長します。そして、**社員が成長すると会社の成長につながりま**

す。会社が成長するということは、社会の成長につながります。この文脈作りは非常に大切だと思います。自己実現や自己成長を伴う活動は、会社の成長や社会の成長につながるような文脈を描かない限り、応援してもらえません。「おまえのわがままだろ」と言われてしまいかねないのです。要するに**サラリーマンであり、一兵卒である以上、何かをやるにはその方法論が大事になる**のです。

たとえば、「かやぶきの里プロジェクト」では、メディアによる外的力学を活用したことはすでに述べましたが、メディアが賛同し「これ、いいですよ」と記事で紹介するのは、社会の成長につながっているという前提があるからではないでしょうか。そうでなければ、この方法論は使えません。ですから、これは会社を説得するうえでも大事な要素なのです。**自分と会社と社会の3者が共感できる内容のなかで、プラスアルファを探るということが大原則**だと思っています。

実際、「かやぶきの里プロジェクト」は、私が学生時代にやりたかったことを本業に取り入れたパターンです。何をどこで本業に活かせるかなんて誰にもわかりませんので、最初は本業に活かせるイメージがわかなくても、やりたいことがあるならばやらないよりはプライベートでも挑戦したほうがいいと思います。取り組むなかで話が大きくなっていったときには、頭の片隅で「どうしたら本業に生かせるだろう」と常に考えながら軌道修正していくことがとても大事だと思います。パラレルキャリアは本業に還元できるかが焦点なのです。

〝ハト派〟の姿勢で周囲の理解を得る

あとは、こうしたサラリーマンはハト派でいることが大切です。要するに、組織や社会とけんかをしてでも自分のエゴを通して「俺は成長したいんだ」と主張するのではなく、そこでの方法論は、「お願いします。ちょっと応援してください」という、ハト的姿勢だということです（笑）。

30代前後の平社員がボトムアップで何かをやろうと思ったときには、**最終的に上の人の理解を得なくては実現できません。**そのためにも、共感を得たり仲間をつくったりすることが大切です。そのプロセスでは、強い思いと工夫が必要になります。

そうした時に、いろいろな人がいろいろなご意見を言ってくれることが、私はすごくありがたいと思っています。あえて苦言を呈してくれる人というのは、意外と愛情深かったりするもので、きちんと真摯《しんし》に向き合うことで、仲間になってくれた時には強力な応援団になってくれたりもする。逆にそういう人を大切にしたいなと思っています。

組織のなかで、出る杭は必ず打たれると思います。ですから、打たれること自体に悩む必要はありません。要するに、打たれても折れなければいい。それくらいの鈍感力があるほうが、良い仕事ができる気がします。

私は仕事において、自分の成長を伴うものに投資したいという思いがずっとあります。楽をして評価されるようなやり方をあえて選ばず、むしろ、**苦労して評価されないほうを選んでいます**。

短期的な成果と評価だけを得てそこで出世できたとしても、上司がいなくなった途端に、「誰に聞けばいいかわからない」という人になってしまうと思うんです。私は、それは嫌だなと思っている。やはり**自分のなかの哲学みたいなものを養える、自分の成長を伴う育ち方**をしたいなと思っています。そして、会社への敬意を常に持つことも忘れてはいけません。

私はよくぞ、このチャレンジのし甲斐がある時代に生まれてこられたな、と思っているんです。拡大社会から縮小社会へとパラダイムシフトが起きて、いろいろなものをデザインし直さなくてはいけない今、自分が生産と消費の中心的な世代でいられることは、本当に恵まれていると思います。どの時代よりも、チャレンジしやすい時代なのだと思います。

加えて、私は**サラリーマンの時代が到来している**と思うのです。予算やスタッフ、ノウハウ、信頼といった**組織のリソースを活かして自分の成長を伴わせ、会社の理解を得ながら社会をリデザインしていくことができる。**これをみんなで実現できたときに、日本という国はもっとよくなると思っています。

新世代の横顔 3
～刈内一博さんの場合

Q1 今の仕事の一番の魅力は何ですか?
当事者として「未来をつくる仕事」だと思って働いています。

Q2 自分の性格をひと言でいうと?
どこにでもいる程度に、ちょっと変わった人かな?(笑)

Q3 休日の過ごし方を教えてください。
誰かと会っていることが多いですが、ひとりでいるのも好きです。

Q4 影響を受けた本、座右の書があれば教えてください。
子どもの頃から読書が苦手で、ほとんど読まないです。

Q5 尊敬する人、憧れの人を教えてください。
多すぎて答えきれませんが、強いて言えば両親です。

Q6 いま現在の仕事の目標は?
「すべきことをちゃんとする」ですかね?(笑)

Q7 苦境にいる後輩たちにメッセージをお願いします。
僕を応援してください(教える立場ではないので……)。

Q8 あなたにとっての最強のリラックスアイテム、リラックス方法を教えてください。
無理をしない、人目を気にしない、都合の悪いことは忘れる。

episode 4

現場を動かすミドル・マネジメント

三越伊勢丹セールスマネージャー
額田純嗣

額田純嗣
（ぬかた・じゅんじ）
1979年大阪生まれ。三越伊勢丹ホールディングスの旗艦店である伊勢丹新宿店の婦人服セールスマネージャー。早稲田大学人間科学部スポーツ科学科卒業。2002年に（株）伊勢丹に入社。2009年4月より現職。

三越伊勢丹に勤務する額田さんが一番大切にするのは売り場ではなく、「お買い場」。〝店が商品を売る場〟ではなく、〝客が商品を買う場〟という視点からそう呼ばれる、百貨店の最前線だ。三越伊勢丹では、社長自ら「伊勢丹の最大の強みは、お買い場である」と明言。自分の考えがトップの考えと完全に一致すると、仕事は俄然面白くなってくる。

1店舗あたりの売り上げが世界一を誇るといわれる伊勢丹新宿店だが、決して守りに入らない。客の財布のひもが堅いと言われる中、つねに新しい「お買い場」づくりを追求し、新しい市場を切り開いていこうとする姿勢が、額田さんからもにじみ出る。

「現場至上主義」を唱えるのはたやすいが、それを実行するのは並大抵のことではない。「誰も見たことがない百貨店をみんなでつくろう」という額田さんは、一体どうやって現場スタッフのハートに火をつけているのか。仕事を楽しく盛り上げる額田さんの考えを通して、次は、僕たちがそういう人になってみたい。

これまでのイメージを大胆に覆した〝リモデル〟

額田純嗣

私は2002年の入社以来、伊勢丹新宿店（以下、新宿店）の現場を担当しております。販売員から始まり、セールスマネージャーのアシスタント、バイヤーのアシスタントなど多種多様な職種を経験しました。現在は、本館2階の婦人服のセールスマネージャーを務めています。

セールスマネージャーの仕事について端的にご説明しますと、店頭の環境・販売戦略を考え、実行する現場責任者です。

2階婦人服売場のテーマである、東京の「旬」を提案していくために、勉強の日々です。そして、新宿店ではマネージャー自らが、より質の高い店頭の環境・販売戦略を考え、実行することを非常に大切に考えています。いわばプロデューサーとして、商品をどう並べるか、どう飾るかといったことから、スタイリストと呼ばれる販売員の育成やマネージメント、販売プロモーションの企画・運営に至るまですべてを行います。商品を国内外から調達してくる「バイヤー」とタッグを組んで、ありとあらゆる方法で店頭を盛り上げていくのも重要な役割です。

これらがマネージャーに与えられている権限であり仕事の範囲であり、非常に恵まれた職場環境におります。

その新宿店が2013年3月、〝世界最高のファッション・ミュージアム〟を目指して新たにグランドオープンしました。私もこのプロジェクトに2年ほど関わり、店づくりに参画してきました。ここでは、新宿店が生まれ変わるために掲げられた「リモデル」のコンセプトや、そこでの私自身の経験をご紹介していきたいと思います。

こうしたことをお話しするのは、まず会社の方針として「これからは経験を〝シェア〟していくことが大切だ。より多くの人に店づくりに参画していただき、いろいろなアイデアをいただいていかないと世界一の店はつくれない」と考えていることがあります。店づくりのノウハウを含め、どんどん門戸を広げることで新宿伊勢丹のよきパートナーになっていただき、**世界一のデパートメントストアを一緒につくっていきたい**というのが新宿店の〝思い〟です。そして、私個人としては、同世代の人間が頑張っている姿や、新しい物事に挑戦することのすばらしさが少しでも伝わり、そして刺激し合えたら幸いです。

具体的な話の前に、まずは、百貨店業界、小売業界の置かれている状況についてお伝えしておきましょう。百貨店が不況であるということは皆さんもご存じかもしれませんが、売り上げのピークは1991年で約9兆7000億円でした。そして今が6兆1000億円強程度ですので、**この20年で約3分の2に縮小**しました。ここ10年間を見ても売り上げが下がり続けているのが百貨店です。一方で、小売業全体では、130兆円前後とずっと横ばいの状態なんですね。コンビニ業界に至ってはとっくに百貨店を抜き去っています。そして、今伸びているのが通信販売・専門店といった他業態の小売です。特にネットや電話などを含む通販は今、5兆900億円にまで伸びており、もうすぐ百貨店を抜くだろうと言われています。

こうしたなか、百貨店業界はどう生き残りをかけていくのか。

三越伊勢丹は、百貨店業界全体の年間売り上げ6兆1000億円のうち、約1兆3000億円、シェアとしては約20%を占めています。もちろん、これは百貨店業界では1位です。しかし、我々はそうした立場に甘んじるのではなく、新しい発想を取り入れながら百貨店を変えていけば、日本全体の小売も変えられるのではないか。そんな意気込みのもと、実は2006年からグランドオープンのリモデルを企画していました。

ただ、7年前のリモデルの企画書と今回できあがったものを見比べると、どんどんブラッシュアップされて80％ぐらいは違うものになっています。それだけ時代の流れは速く、これからの5年後、10年後の世界も想像とはまったく違うものになるかもしれません。そのなかであえて**「10年後、20年後の東京・世界をイメージして売場をつくろう」**という考えのもと、行ったのが今回の新宿店のリモデルです。

企画は長い期間をかけてつくり、みんなでシェアしていたんです。まず、2003年にメンズ館がブランドごとの仕切りを取り払ったリニューアルをして成功を収めていました。それで、じゃあ婦人服も同じ方式でいくのかとなったときに、ルミネさんの台頭があり、「やはりブランド展開をしたほうがいいのでは」という意見も出てきました。また、ネットショップの拡大やユニクロさんの好調などもあるなか、どう予算を使うべきか、いろいろな意見が飛び交ったのですが、そこでひとつテストトライが始まります。当時は最もファッションから遠いところにあった〝食〟です。そこからリビングや子供服につなげる提案をしながら、婦人服でもいけるかどうかと、お客様の感じ方をモニタリングしている最中の2008年に、リーマン・ショックが起きました。必然的に売り上げが下がりましたが、もうその時点ではやろうという機運がありましたね。震災もありましたが、すぐに回復できたときに、もうやるべきだと決まったんです。

今回のリモデルによって、もしかしたら今は「ちょっとこの店、買いづらいな」と思われるお客様もいらっしゃるかもしれません。けれども5年後、10年後にはこのイメージのようになるのだから、思い切って発信しようという覚悟で挑戦しました。私たち百貨店の役割が時代とともに変化してきているなかで、今までのように**ただモノを売っているだけのイメージを大胆に覆さない限り、未来はつくれない**のではないかと思ったからです。

〝モノ〟だけでなく〝コト〟を提案する

リモデルの考え方のひとつとして、**「グローバル百貨事店《ひゃっかじてん》」**になろうというコンセプトがあります。

そもそも、「百貨店」の定義は、衣食住の各種商品の小売販売額の割合がそれぞれ10％以上70％未満の範囲内にある業態で、従業員が常に50人以上いて、かつ対面販売を50％以上行っている店です。しかし、今回のコンセプトである「百貨事店」は、「100のモノ」だけではなく「100のコト」も入れようというものです。お客様が百貨店に来店するときに、感じるコト、うれしいコト、楽しいコト、ワクワクするコト、ドキドキするコトがある店にしようと考えたのです。

さらに、もうひとつ我々が目指したのは、**〝世界最高のファッション・ミュージアム〟**になろうというものです。「休みにどこへ行こう？」というときにミュージアムに行こうとか、ディズニーランドに行こうと思うのと同じように「伊勢丹の新宿店に行こう」と言ってもらえるかどうか。これが〝ファッション・ミュージアム〟の概念です。そのため、総工費約90億円をかけて2万500

0平米の売場をリモデルしました。

「ファッション・ミュージアム」というコンセプトがどのようにできあがったのか。今回、インテリアと建築を手がけたのは、森田恭通《やすみち》さんと丹下設計事務所の丹下憲孝《のりたか》さんです。森田さんが最初におっしゃっていたのは、たとえばエスカレーターの脇にある壁を見たときに、「何これ⁉」と思えるようなアートを見せたいね、ということでした。そこからお客さんが何にワクワク、ドキドキするのかを考えていった結果、森田さんが「やっぱり空間自体をミュージアムにしたいね」という発想に至った。「ミュージアム」という言葉は森田さんが最初におっしゃったんですよね。さらに、伊勢丹には「毎日が、あたらしい。ファッションの伊勢丹」というスローガンもあるくらいですから、やはりミュージアムとして見せるなら絵だけではなく、ファッション性を見せていこうと。そのようにして決まったと認識しています。

また、ハード面だけではなくソフト面も再開発し、接客のあり方など、販売サービスの根本的なところに修正を加えました。単なる店舗の改装ではなく、業態をも変えていこうというかなり大きな「モデルチェンジ」です。

売り上げ目標という点で言うと、新宿店の年間売り上げはこれまで2300億円前後でした。しかし、弊社は今回のリモデルで「2000億円という水準で物事を考えるのではなく、中長期的目標として2倍の4000億円にするためにはどうしたらいいかを考えよう」と発信しました。

売り上げ規模を倍にするくらいの気持ちでいないと、発想や目線が変わらないものです。これまでとまったく違う取り組みができたという点で、個人的に経営陣がすばらしいなと感じます。そして、全スタッフ一丸となり2013年3月6日のオープン時には、〝Welcome to Fashion Museum〟というメッセージをいろいろな形でお伝えしました。みんなが今「ファッション・ミュージアムをつくるんだ」という気持ちで運営しています。

「新宿伊勢丹」というと〝セールスマネージャー〟より、〝カリスマ・バイヤー〟の記憶、イメージが強いように思っていました。でも、その流れは変わってきていると思います。〝カリスマ・バイヤー〟は一時代を築いたと思いますが、それは少し前の時代であり、90年代ぐらいのことだったと思います。昔は〝モノ発信〟だった。プロダクト・アウトとも言いますが、モノに付加価値をつけることによって「いいかも」と思われる時代でした。でも、現代はモノが飽和している状態で、お客様はモノだけに関心を持っているわけではありません。マーケット・インとも言いますが、我々は逆に現場でお客様のトレンドを感じながらそれを付加価値にして提案しています。

〝感性分類〟で今の顧客のニーズに応える

たとえば新宿店では、「百貨事店」を標榜《ひょうぼう》して〝コト（事）〟を重視するなか、年代というくくりだけではなく、男性・女性、大学生・会社員、といった属性を意識した売り場づくりを行っています。また、我々が今意識して展開しているのは、**「感性分類」**です。最近は40代でも20代のような若々しいファッションを好む方もいるなど、年代を問わずおしゃれな方が増えてきていますよね。そうしたお客様のニーズにお応えできるよう、年代ではなくお客様の感性で分類するように心がけ、そのような売り場を増やしているところです。

旧来、百貨店の売り場では、年齢別分類が最重要視されてきました。たとえば2階は20代、3階は30代、4階は40代といったセグメントの仕方です。しかし、やはりそれではお客様の喜びや感動を作ることはできません。

たとえば私は30代半ばですが、いわゆるちょいワルおやじみたいな服装をしたいときもあるわけです。それは年齢別の分類がもはや機能していないことを意味しますし、そうした従来型の分類だと、何よりお客様が売り場で居心地の悪い思いをしてしまいます。特に女性は、興味のある店があってもフロアが分かれていればなおさら行きづらいですよね。ただ単にヤング、ミセス、キャリアというくくりでは成立し得ない時代なのだということです。

組織を変えた5つのキーワード

さて、今回のリモデルにはいくつかのキーワードがありました。「グローバル化」「モード化」「パブリック化」「ソフト化」「パーソナル化」です。これらについて説明していきましょう。

最初のキーワードである**グローバル化**ですが、グローバルの意味するところは、**お客様も、従業員も、品揃えも、〝世界中から〟**ということです。今や新宿店は、年間60億円が外国からいらっしゃるお客様からの売り上げです。これは全体の約2・6%を占めております。

また、三越伊勢丹は店頭、ウェブ、また小型店舗の展開にもチャレンジしており、羽田空港に「イセタン羽田ストア」を出店したり、東名高速の海老名サービスエリアに期間限定で出店をしたりと、チャネル（販売経路）を広げています。**商圏は世界にある**という発想ですべてを行っています。

次のキーワードは**モード化**です。新宿店は、日本固有の感性を世界に伝える、日本を代表する文化施設になろうと考えました。具体的には、言語対応、従業員の多国籍化、マーチャンダイジング（MD）のモード化、海外向け情報サイトの新設などを実行中です。

私たちは何かとこの「モード」という言葉を使いますが、モードというのは、

「つくり上げている作品」というイメージです。「自らモードを発信して、お客様に受け入れてもらえないと新しいものは生み出せない」というのが私たちの合言葉です。どの百貨店を見ても同じようなブランドが並んでいる状態では、モードとは言えません。ですので、我々独自のコンセプトに沿って商品を集め、ライフスタイルを提案する〝自主編集〟といわれる売場も広げています。

パブリック化は、世界中の人々に参加してもらうことにより、新宿店を進化させるというものです。実は、新宿店の年間2300億円という売り上げは世界一なんです。しかし、「世界一のデパートメントストアってどこだと思いますか?」という問いに対して、真っ先に〝新宿伊勢丹〟の名前が挙がってくることは少ないのが現実です。世界中のさまざまな人に参加してもらわない限り、世界中の人たちに支持される店にはならない。冒頭でも少し触れたように**〝みんなでつくり上げる百貨店〟**という発想です。

ソフト化は、我々がいちばん意識していることです。顧客・従業員・取引先・社会とのかかわり方、商売のやり方など、すべてを根本的に見直して**個々人の裁量範囲を拡大する**ことに取り組んでいます。

伊勢丹の強みは、それぞれの個性を活かしつつ全体の調和を図る**〝不均一の調和〟**を意識している点です。そのひとつの例として、制服や身だしなみのルールは最小限・最低限にしています。個人的にはここが一番好きですね。

また、商売のなかで力を入れているのは〝ソフトＭＤ〟の拡大です。ソフトＭＤとは〝形のない商品〟という意味で、たとえばリペア（修理）、コンサルティング、トラベル（旅行）などです。ここでも、百貨事店の「事（コト）」に取り組んでいます。

パーソナル化は店内のあらゆる仕組みを、**マスからパーソナルを対象にしたものへ転換**していこうという取り組みです。先にも述べたように店舗が大きくなればなるほど、ものの見方が主に年代を中心とした属性など大きなくくりになりがちですが、それではお客様の喜びや感動をつくれません。

接客においては1対1でとことんご要望をお伺いすること、商品づくりや品揃えについては現場の一線の従業員にどんどん権限を移譲して、新しい提案を常にできるような仕組みをつくることなどが挙げられます。

では実際に、現場ではどのように売り場がつくられているのか。ここからは、今回のリモデルにあたって私が意識したことをお伝えします。

私が改めて考えたのは、ネットにはないリアル店舗の強みとは何だろうということでした。真っ先に挙げられる強みは、**お直し・接客サービス**です。そして、**商品を俯瞰《ふかん》しやすい**ことも挙げられます。ネット店舗だとたとえばトップスを探したいときにすぐに探せるという利点はありますが、それに合わせるパンツやスカートなどのボトムスなど、ほかの商品も俯瞰して見るのが難しいですね。最近ではそのようなことができる仕組みも出てきてはいますが、一体感のある雰囲気を感じ取るのはきわめて困難です。

そこで、婦人服売場では限られた面積で最大効率を図るために、ブランドごとの垣根を取り払う取り組みを進めています。皆さんも、買い物をしていて「このトップスと隣のお店にディスプレイしてあるスカーフを合わせてみたいな」と思うようなことがありませんか。文字どおり、店と店の間の壁がそれを難しくしていたのですが、やはりリアル店舗の強みのひとつである俯瞰しやすい、比較検討しやすい売場をつくることが重要だと考えています。

また、ブランドの垣根がない店づくりをしていますが、もちろん、すべての垣根をなくすわけではありません。たとえばシャネルが好きな人はやはりシャネルの世界感を味わいたいですよね。そこに違うブランドが入っていたら居心地が悪い。「箱」で展開するところとのメリハリを意識しながらも、それ以外はお客様がいろいろなところを見て回れたほうがいいですよねと、テナントさんにもお話ししていきました。

次に挙げられるリアル店舗の強みは、**その場ですぐに手に入る**ことです。ネットも注文した翌日に届くなど、かなりスピードが上がってはいますが、今すぐ手に入れて「わーっ」という満足感を得られるのは、やはりリアル店舗でモノを買うとき特有の喜びだと思います。

また、**会話が生まれる**のもリアル店舗ならではの強みと言えるでしょう。ネットショップを見ながら家族や友だちとワイワイ、ガヤガヤすることはあまりないですよね。買い物という行為自体を〝コト〟にできるという意味でもあります。「デートしようよ」と言ってネットショップを一緒に見ることはないと思います。「伊勢丹に行こう」という〝コト〟で、お客様の楽しいこと、ワクワクすること、ドキドキすることにお役立てできるのです。また、意外性を体験できる出会いがあるのもリアル店舗のよさだと思います。

では、逆にリアル店舗の弱みとは何か。まずは、一見しただけでは在庫や展開しているサイズ、色の種類がわかりにくい点が挙げられます。ネットならば在庫の有無、色やサイズの種類もすぐにわかりますが、店舗だと「この商品の在庫があるかどうかは聞かないとわからない。でも聞けそうな店員さんが見当たらないな」「混んでいるし呼び止めたら悪いかな」となってしまっていることがあると思うんですね。

また、欲しいものがピンポイントで決まっているときに、ネットだと一発で探せるので便利ですよね。リアル店舗ではどこに何があるかがわかりづらくて、その売り場にたどり着くまでに時間がかかります。そもそも、皆さんの使える時間のなかで、営業時間内に来ていただかないといけないという前提があります。**可処分時間と伊勢丹の営業時間が一致していなければいけない**というのは、非常に難しい点ではあります。しかし、「わざわざ店舗に行く」という点を、「来てよかった」という強みに変えるための仕掛けをしていかないといけないと思っています。

客単価が高いほど顧客満足度も高まる

そのためには、やはり販売力、接客力を高める必要があります。その手がかりとして、私が個人的に大切にしてきたことをご紹介します。まずご紹介したいのは**購買前満足、購買時満足、購買後満足**という3つのキーワードです。この3つがきちんとサイクルとしてまわっているかどうかを常に意識しています。

百貨店でよく言われるのは購買時満足で、買ったときの満足感がお客様にあるかどうかというのは当然重要です。私たち百貨店での消費は生活必需品ではなく「必欲品」といわれる、欲を満たしてくれるものを対象としているため、購入していただく際にまず満足感を持ってもらわないといけません。

そこからさらに意識しているのが購買後満足です。要するに**「買ってもらえばいい」という発想を捨てる**ことが大切です。買ったモノを見て、買ったときのことを思い出しただけでワクワク、ドキドキしてもらえたり、「よかった〜！」と思ってもらえたりすること。これをどれだけ増やせるかが大きなポイントだと思います。

購買後の満足があれば、必ず「また行こう」と思う動機につながります。これが購買前満足です。たとえば、冬に「温泉旅行に行こう」と思うのは、寒空の下で露天風呂に入ったときの温かくて気持ちいい感じがイメージできるからですよね。それと同様に、1回の買い物のあとには、次の買い物に行く前の「気持ちいいイメージ」がないといけないわけです。このサイクルをどれだけまわしていけるかが肝要です。

販売力、接客力を高めるということは、お客様に安全、安心、信頼を提供することであり、顧客満足度に直接比例するものです。これは自分も含めスタッフに言い聞かせていることです。

その際に大切なのは、**自信を持って商品をお勧めすること**だと考えています。もっと言えば、ひとりのお客様にお買い上げいただく**客単価が高ければ高いほど顧客満足度が高くなる、**と自信を持って言いきれる接客を一人ひとりがしているかどうかが重要です。

これに関して、私がスタッフによく言っている一例があります。お客様に2万円の靴を提案したところ、実際にお買い上げいただいたとします。けれどもそこで「ハイ終わり」ではなく、客単価を3万円にできたならもっとお客様に満足いただいたのではないか、と話します。要は、その1万円をさらなる購買後満足につなげる提案をすることが重要であるということです。

たとえば、梅雨の時期であれば1000円の防水スプレーをきちんと提案したかどうか。お客様はせっかく気に入って2万円の靴を購入されたわけですから、長く使いたいと思われているはずです。雨に濡らして台無しにしたくないですよね。あるいは、その靴が映える素敵なボトムスを提案することも、お客様の購買後満足につながるかもしれない。そうした一つひとつを考えて差し上げることが客単価を上げ、お客様の満足につながるのだと全スタッフが強く言えることが大切です。意外と、お客様に遠慮して商品を勧められないスタッフが多いのですね。

顧客満足度を向上させるには従業員満足度を向上させることが必要だと言われますが、私の役割はそうした意識を浸透させてスタッフの**モチベーションを高**

め、**やりがいを感じて働く環境をつくること**なのだと強く思っています。

現場は生モノ、仕掛けに手を入れ続けろ！

もうひとつ大切にしているのは**「現場は生モノだ」**という感覚です。

ショッピング中に「ああ、いいな」と思ったモノを、次の休みの日に買おうと思って再び来店することがあると思います。でも、数日経つと同じモノを見ても「あれ、私、これをほんとに買おうと思ったのかな」となることがありませんか。人がモノを買おうと決める際、そこにはさまざまな気持ちが喚起されています。**同じモノでも条件によってその人への伝わり方が違う**んですね。見た瞬間の空気感でその人のなかでの価値が決定してしまうので、やはり現場は生モノです。

よく例として挙げるのですが、1月2日の初売りで福袋を売り出すとたくさんの方に並んでいただけます。大晦日《おおみそか》の12月31日から並ぶ方もいらっしゃるほどです。そのお客様を私たちは朝から待ち構えて店を開けるのですが、開店と同時にお客様がエスカレーターを上がってこられる際の地響きが2階にまで伝わってくるくらいの熱気に包まれます。我先にと「3点、買えないの？」「10点、買えないの？」と聞かれ、「おひとり様1点までです。申し訳ございません」と私が答えると「なんでよ！」と怒られるわけです。

そんな福袋でも一部が売れ残ることもあり、夕方になると普通の商品と一緒に並んでいます。ところが、夕方にお見えになるお客様は誰も福袋には目もくれません。開店前から並んでいただいたお客様と、夕方のお客様は同じモノを見ているわけですから、モノという観点だけで考えれば買っていただける可能性は一緒のはずです。これが「現場は生モノだ」ということです。

では、どうしたらいいのか。これは**仕掛けなどに手を入れ続けるしかなく、空気感をつくっていかなくてはダメだ**ということです。

つまり、「舞台裏」を大切にしなければいけないのです。たとえば、テレビを見ていていつも思うのは、気持ちいいなと感じる番組は、作り手である舞台裏の思いが出演者の表情に現れているのだろう、ということです。同じように開店前の迎え方にしても、商品の紹介の仕方にしても、すべては空気感としてお客様に伝わりますので、私たちはそこにこだわっていこうとスタッフに言っています。

勝負のかけどころでは躊躇せず行動に出ろ！

最後に、私が仕事において一番大切にしているのは**「挑戦すること」**です。もともと伊勢丹には**〝55％攻撃論〟**という言葉があり、その言葉を古くから大切にしています。成功する可能性が55％あると確信するのであれば、もう「やれ」ということを意味します。

ただ、さまざまな〝コト〟を提案していこうとする際、論理ではなかなか伝わりにくいいろいろな方々に協力していただけない難しさも痛感します。ある程度は伝統を守らないといけないところもあるからです。それでも**可能性を信じきる力とそれを伝える想い**を大切にしながら、新しいことに挑戦し続けていきたいと考えています。

そうした想いがあり、私たちのチームは2階フロアのプランを進めていく過程で、社長に対して現場の声を直訴したことがあります。ただ「直訴」といっても、もちろん、きちんと社長室にはアポをとって行きましたよ（笑）。店舗の店頭に立つスタイリストさんたちと一緒に「2階につくる新しいショップを、自分たちで考えた名前にしてくれませんか」と伝えました。

現場では新しい自主編集の売場をつくりたい、という想いがありました。これまでも、新宿伊勢丹では自主編集のショップを立ち上げてブランディングしてきたという実績があります。しかし、実は伊勢丹がひとつのブランド名を掲げてブランディングしていくのは、かなりリスキーなことです。成功して売れればいいのですが、売れなかったらイメージに傷がつくからです。その壁があってなかなかプランが進まないという現実を前に、我々はそれでも「自主編集の自分たちの売場をつくらせてほしい」と直談判しに行ったのです。

結果、社長が了承してくれたことで、一気に雰囲気が変わりました。幸いにも、リモデル後の今、毎日多くのお客様にご愛顧いただけるショップになっています。**本当に勝負のかけどころだと思ったときには、それを信じてやる**

ことが大切なのだと改めて知る機会でした。

日頃のコミュニケーションで情報を共有する

中間管理職として、日頃からお客様とじかに接している**現場の思いを上位職者に届けること**は重要です。

その前提として、社長を含めた**上司とコミュニケーションがとれるというのはサラリーマンとして非常に大事な資質**だと思います。もちろん、本来であれば直属の上司を通じてボトムアップで意見を通していくのが筋であり、私のとった行動は「スタンドプレー」で、あまりいい方法には思えません。まあ、そういうことをするヤツだと思われていたところもあるでしょうが……（笑）。

でもそう考えると、やはり**普段から地道な活動を積み重ねる**ことの大切さを思わずにいられません。何かあったときに「見てくれている人はいるのだな」と実感します。

そして何より大切なのは、現場の声を会社のトップをはじめ、**全員と共有する仕組みがあるかどうか**です。三越伊勢丹には現場主義という哲学がありますから、上層部もたびたび店頭を訪れます。その際、限られた時間のなかでお客様の声を伝えるには、当然、私よりもじかに接している販売員のほうがふさわしいはずです。そうした接点をたくさん設けることはもちろん必要ですが、ポイントは、会社として「現場からお客様の声を聞きたい、ウェルカムだ」ということが、普段から現場にきちんとアナウンスされていることです。そのためには、中間管理職である私が、トップの考えていることや会社が目指す姿など、**情報をきちんと仲間に伝えていくことが必要**です。そうしてみんなが**「私も意見を言っていいんだ」と思える風土をつくっていくこと**が私に求められている役割なのだと思います。かの武田信玄の「人は城　人は石垣　人は堀」の言葉にあるように、一番の仕組み化はやはり人だと思うのです。

OFFJTで〝練習の場〟を増やす

さて、ソフト化を進めるにあたり、私は人材教育の一環として独自にOFFJT（Off the Job Training／職場から離れたところでの訓練）の機会を増やすようにしていいます。

伊勢丹はもともとＯＪＴ（On the Job Training／日常の業務に就きながら行う訓練）を非常に重視する会社です。私も入社初日のことは忘れもしません。何の知識もないまま婦人靴売場に配属され、開店の音楽と同時に入ってこられるお客様に応対をするよう上司から指示されて焦りました。お客様の求めるサイズをストックに探しに行って、靴を履かせて差し上げようとしてつまずいて……。何もできずにオロオロしていた、というのが私のデビュー戦です。「ああ、社会人ってこういうものなのか」「学校と違って自分で学んでいかなければならないんだ」と身をもって知りました。

そうすると、まずはお客様に店内の場所ひとつを聞かれてもちゃんと答えられるようになりたいと思うようになるんですね。そこから、お客様から「ありがとう」と言ってもらえるとこんなにうれしいんだと感じたり、自分の話したことを「うんうん」とうなずいてくださるお客様がいらっしゃるだけでも興奮したり。そうした経験から、**自律的に学ぶ姿勢が身につき徐々に挑戦していく機会が得られる**のがＯＪＴのよさであり、またそれを大切にするのがこの会社のよさなのだろうと理解しています。

同時に、そうしたところからスタートして十数年、常に問題意識を持ち、目の前の問題は自分で勉強するのが当たり前という感覚で取り組んできましたが、今この年齢になって思うのは、さまざまなプロセスがわかってきたからこそ、自分が得たコツを少しでもスタッフに還元していきたいということです。そうした思いから勉強会を開いたり、社内外の交流の場に積極的にスタッフを連れていって経験をシェアしたりしています。

やはり**プロである以上、「練習」は非常に大事**なのだと思います。店頭での接客はいわば試合の本番であり、そこでいいパフォーマンスができるかどうかは裏でどれだけ練習したかにかかっています。

スタッフのなかには、もともと頑張っている人もいれば、残念ながら少し甘えが見える人もいます。しかし、こうした取り組みでひとりでも意識が変わり、真の〝百貨事店マン〟のDNAが組み込まれることで、その人と接した人の意識が変わり、そしてさらに、その人と接した人の意識が変わっていくのだと信じています。そして**意識が変われば日頃の行動が変わります**。私を含め、一人ひとりが一日も早く真の〝百貨事店マン〟となり、さらなるサービスができるよう練習を積み重ねていきたいと思います。

新世代の横顔 4
～額田純嗣さんの場合

Q1 今の仕事の一番の魅力は何ですか?

人(特にお客様・仲間)を輝かせて、輝けること。

Q2 自分の性格をひと言でいうと?

「スーパー・ポジティブシンキング・パッション・ボーイ」と言われます。

Q3 休日の過ごし方を教えてください。

アクティブ・レスト(疲労回復のために体を動かすこと)をしています。

Q4 影響を受けた本、座右の書があれば教えてください。

稲盛和夫さんの『生き方——人間として一番大切なこと』
(サンマーク出版)。

Q5 尊敬する人、憧れの人を教えてください。

尊敬する方はもうたくさんいます。憧れる方は、タモリさん。

Q6 いま現在の仕事の目標は?

共に働く一人でも多くの仲間に
"この仕事の醍醐味"を伝えられるといいな。

Q7 苦境にいる後輩たちにメッセージをお願いします。

ドラマは、引き立つ秘話があったほうが面白い。
最高の結末を期待したいです。

Q8 あなたにとっての最強のリラックスアイテム、リラックス方法を教えてください。

アロマディフューザー。
部屋を暗くして、好きな香《こう》をたいて瞑想《めいそう》にふける。

episode 5

ワーク・ライフを高める“自分磨き”

NPO法人「二枚目の名刺」代表

廣優樹

廣 優樹
（ひろ・ゆうき）
1979年生まれ。金融機関勤務。慶應義塾大学経済学部卒業、英国オックスフォード大学経営学修士課程（MBA）修了。2009年に「二枚目の名刺」（2011年よりNPO法人）を立ち上げる。社会人が本業以外に社会をデザインする“2枚目の名刺”を持つスタイルを提唱。2枚目の名刺を持つ社会人が、NPO事業運営のコンサルティングを行う"サポートプロジェクト"を手がける。

世の中には、サラリーマンが会社以外に名刺を持とうとすると「本業でうだつが上がらないからだろう」とか「転職するのか」「副業でも始めるのか」と疑われてしまう空気が存在する。

こうした風潮を転換しようというのが、廣さんが共同代表を務めるNPO法人「二枚目の名刺」。提唱するのは、会社以外の活動が本業に活かされることがあるという考えだ。

「二枚目の名刺」には、本業で培った仕事の能力や視点を一層広げるための舞台が用意されている。まず、成長意欲の高い異業種の同世代と出会えること。次に、若いうちに、プロジェクトリーダーの疑似体験ができること。本業では、若さや経験不足で任される機会が少ないプロジェクトリーダーも、ここでは積極的に携わることができる。本業では経験できない業務経験を通して、小さな成功体験を積み重ねることが仕事の自信につながると廣さんは語ってくれた。

「二枚目の名刺」は「自分に変化をもたらしたい」「仕事の幅を広げたい」、そんな思いを抱く、僕たち会社員にとって、再び成長するためのひとつの選択肢を与えてくれる。

心の変化が行動を変えた！　私の原体験

私たちNPO法人「二枚目の名刺」では、社会人が本業以外に2枚目の名刺を持ち、社会活動に取り組む。そんなスタイルを社会に広げていきたいと考えています。

そして、社会活動に取り組むことで、社会を見渡すことができ、自らアクションを起こし、社会を創っていくことができる社会人を増やしていきたい——。そうした思いから、私たちは社会人が持つ2枚目の名刺を、**「本業・本職で持つ1枚目の名刺のほかに、社会をデザインする〝2枚目な社会人〟が持つ名刺」**と定義しています。

なぜ、私はこうした活動を始めるに至ったのか。

まずは私自身の1枚目の名刺から説明すると、普段は金融機関で働いております。大学時代はラグビー一辺倒で、〝ソーシャル〟とは縁遠い世界でした。そんな私が、仲間と一緒にこうした提案を始めたのは2009年、ちょうどイギリス留学から帰ってきたときでした。きっかけとなった原体験は、イギリス留学中に

廣　優樹

あります。この体験によって自分のなかに変化が生まれ、その後のアクションに大きく影響することになります。

留学していたオックスフォード大学ビジネススクールのMBAプログラムには、“Strategic Consulting Project”という、いわゆる戦略コンサルティングに実際に取り組むプロジェクトが組み込まれていました。卒業間近に、学びの集大成として行う実践プロジェクトです。

同級生は50か国以上から集まっており、プロジェクトは全世界で展開されます。イギリスだけでなく、欧州地域、アメリカ、そしてアフリカに行く同級生もいました。それぞれがチームを組み全世界に飛ぶわけです。

取り扱うテーマは自由。学校で用意してくれたプロジェクトのなかには、たとえば、カリフォルニアのワイナリー（ワイン醸造所）に行って、ブランディングのコンサルティングを行うプロジェクトもありましたし、スーパーマーケットのオペレーションを改善するプロジェクトもありました。

私はというと、農業・食糧分野に興味があったのですが、そうした分野のプロジェクトが学校からのオファーのなかにありませんでした。それであればと、自分でプロジェクトを見つけるところからやってみることにしたのです。

まず、大きなテーマとしてアジア圏の農業・食糧プロジェクトにしようと考え、いくつかの機関に打診してみました。すると、そのうちベトナム商工会議所（VCCI）の方から、「ベトナム農作物の対日輸出促進策の検討ならば」と話があり、プロジェクト資金も提供いただけることになったのです。

さて、こうしてプロジェクトのテーマが決まり、資金も確保できました。次は仲間を集める必要があります。

そもそも、私はベトナム語が話せません。そこで資金を確保したその日に、クラスに唯一いたベトナム人の女性をスカウトするところからプロジェクトが始まりました。また農業という分野は、それまで関心があっても踏み入れたことのない領域でしたから、当然、知識はゼロ。どうしようかと思っていたところ、奇跡的に、東京農業大学に留学したことがあるというベトナム人とつながりました。さっそくアプローチしたところ、その方も興味があると言ってくれたため、外部からもチームに入ってもらうことにしました。

こうして仲間が集まったので、次は調査先を探していく番です。たとえるなら、ドラクエ（ドラゴンクエスト）のゲームの世界のようなものと言いますか、仲間を探して、村で聞いた情報をもとに、次の場所でまた情報を仕入れる。最終的にはベトナムの農場や農業・貿易の所管官庁にもたどり着きました。

ただ、こう言うと非常に順調に進んだように聞こえますが、途中でプロジェクトのメンバーの妊娠がわかり、急遽《きゅうきょ》ベトナム語と英語ができる通訳を現地で雇ってみたり、あるときなどはプロジェクトがひとり歩きして、新聞に「日本の政府機関がベトナム農作物の輸入強化に乗り出した」といった誤報が掲載されてしまい、その事後対応に追われたりと、本当にさまざまなことがありました。自分にとってはこれまで経験したことのないことばかりで、非常にエキサイティングな時間でしたね。プロジェクトの終了直前には、報告期限が近づくにつれて胃が痛くなるという、それまで本業でも味わったことのない経験もしました（笑）。

このプロジェクトの経験を通して実感したのは、まず、**本業以外でも自分ができることがある**ということです。当然のことながら、プロジェクトでは本業である金融機関の名刺はまったく使いません。それでも、ベトナムでも日本でも多くの人がプロジェクトに興味を持ち対応してくれましたし、最初は半信半疑だったベトナム農業関係者も、途中から真剣になっていく様子をまざまざと感じました。そしてもうひとつ、プロジェクトを取りまとめるマネジメント経験は、自分にとっては大きな学びで、本業に活かせることがたくさんあることもわかりました。

やはり、**会社の名前に頼ることなく自分の名前だけで勝負し、試行錯誤した経験が自分の大きな力になった**と思うんですね。

そして、実は、この話にはまだ続きがあります。帰国後の自分の姿について深く考えさせられることになる2つの出来事がありました。

ひとつ目は、ベトナムを離れる直前に、プロジェクトで関わりのあったあるベトナム人から「ある社長に会ってくれ」と言われ、その方にお会いしたときのことです。どういう方なのかわからなかったのですが、どこにチャンスが潜んでいるかわからないなと思い、とりあえず指定された場所へ行ってみることにしたのです。

そこで出会った社長は、私たちのプロジェクトについてコメントをくださったあと、自分の会社の工場を丁寧に案内してくれました。そして、「ベトナムは若い力であふれている。日本はどうなんだ」「君は日本の会社に戻るのかもしれないけれど、それだけで本当にいいのか」「日本に帰っても、もっとできることがあるんじゃないか」というようなことを私に言うのです。

その方は、実は日本に留学経験のある元世界銀行の方でした。地元に戻り、若い力を育てるため、雇用を創出するために自ら起業されたそうです。思いもよらないところで、考える機会をいただきました。

もうひとつは、このプロジェクトで関わった、日本のある農業系金融機関に勤める役員の方と話をしたときのことです。話の流れで「テレビ番組でやっていた〝DASH村（昔ながらの山村を再現するテレビ番組の企画）〟のような場を、いつかつくってみたい」と私が言うと、その方が「実は私はもう一枚名刺を持っているんですよ」と名刺を差し出されました。

その方は、都会の子どもたちに田舎でのびのびと遊ぶ経験をしてほしいという想いから、地方の古民家を改装して宿泊施設とし、田畑も10年かけて耕して、そこを拠点に子どもたちに、いなか体験をしてもらう活動をしていました。私はその名刺を見たときに、「本業以外にも活躍の場を持っているって、カッコいいな」と理屈抜きに思ったんですね。

プロジェクトでの経験とともに、この2つの出来事が自分のなかでは大きかったと思います。

そして、帰国直前の2009年9月、日本人の同期と話をする機会がありました。夏の間にそれぞれが取り組んできた、アイルランド発の音楽を通じた教育プログラムの世界展開や、オックスフォードにある美術館の再建について考えてきたことが披露されました。そして、それぞれが取り組んだプロジェクトを振り返りながら、とてもよい経験になった、こういう機会が日本でもあれば……と、話の流れは自然とそうした方向に向かっていました。せっかく貴重な経験をしたのに、日本に帰ってただ会社員として働くだけではもの足りないという空気、さらに日本や社会に貢献できることがあるのではないか、という漠然とした思いがそこにあったのだと思います。私自身、金融機関での仕事はやりがいがあるもので、プライドを持って取り組んでいますが、さらにもっと自分にできることがあるような気がしたんですね。そうして「じゃあ何かやろうぜ」という勢いで始まったのが、「二枚目の名刺」というプロジェクトだったのです。

持続可能な社会活動を後押しする仕組み

さて、ここからは実際に「二枚目の名刺」とはどういう取り組みなのかをご紹介していきたいと思います。

「二枚目の名刺」で仕掛けるプロジェクトは、一言で説明すると「2枚目の名刺を持つ社会人による社会活動団体（SPO）向けのコンサルティング・プロジェクト」で、私たちは**SPOサポートプロジェクト**と呼んでいます。

SPO（Social Purpose Organization）とは、組織形態を問わず、教育や子育て、貧困などさまざまな社会問題の解決を最上位のミッション（使命）に掲げる団体の総称です。プロジェクトの対象となる組織は、一般的にはNPO（Not-for-Profit Organization／非営利団体）や、NGO（Non-Governmental Organization／非政府組織）ですが、我々は、株式会社だからといって必ずしも排除しないという考え方から「ＳＰＯ」と呼んでいます。

まずは、サポートプロジェクトを受け入れる側の対象であるＳＰＯと、サポートプロジェクトに入る側の対象である社会人の背景について、それぞれ簡単に説明しておきましょう。

現在、多くのＳＰＯが素晴らしい理念のもと、パブリック・セクター（公的機関）だけでは対応しきれない社会の課題に対して、ソーシャル・サービスを提供しています。社会課題を発見する力でいえば、私はパブリック・セクターよりＳＰＯのほうが高いと考えています。既存のやり方にとらわれないユニークな手法で、社会課題を解決していこうとする組織やチームが非常に多いんですね。

ところが、すべてのＳＰＯが、自律的に持続可能性を持って活動ができているわけではありません。たとえば、活動資金を助成金に依存しているがゆえに、助成金獲得のために、すなわち課題解決以外のところに力をそがれていることも少なくないのです。サスティナブル（持続可能）でない活動は、ソーシャル・サービスとして本当に価値のある活動といえるでしょうか。

以前、海外の孤児に学費を援助する活動をしている教育系NPOの人が、こんなふうに話してくれました。「私たちは絶対にサスティナブルでなければならない。なぜなら、援助を受けている学生が2年生まで学んだところで援助がストップしたらどうなるか。卒業を控えた彼らの3年目はどうなるのか。私たちはそうしたことに責任を負っている」と。

実際、こうした活動は始めることより続けることのほうが一段と難しさが増します。特に、SPOは、目の前の困った人たちを助けたい、という思いひとつで始める活動が多いことから、**事業の継続的な運営に必要となるマンパワーや人材、スキルが確保できていない**ケースがよく見受けられます。

一方で、社会人の意識も変わってきています。彼らの**社会課題への問題意識は年々、確実に高まっている**と感じています。特に、単なる寄付やボランティアではなく、**自分の強みを活かした自分らしい形で社会活動に取り組みたい**という人たちが増えています。そして、貧困、子育て、教育などの課題は待っていても解決しないのではないか、自分たちにもできることがあるのではないか、と感じているわけです。

社会活動への参加に対する感覚も変わってきています。というのも、ひと昔前のボランティアはいわば奉仕型で、活動に見返りを求めることが許されないような印象がありました。それが今は「楽しかった」「勉強になった」などというように、**自分に対してポジティブなフィードバックがあることを期待**し、それがモチベーションになっている人が増えています。

実際に独自にアンケート調査をしてみたところ、社会活動やボランティア活動について、「活動を通じて成長ができる」と感じている人が全体の6割近くいました。さらに、「コミュニティでの人との出会いがあってうれしい」「経験したことのない分野で活動することが勉強になる」という点を意識している人が多くなってきているのは、とても興味深いことですね。

とはいえ、社会活動への参加に興味はあるものの、いきなりNPOのような団体に所属したり、立ち上げたりするのはハードルが高いという人や、時間の制約がありフルタイムの関与はできない、そもそも何を始めていいかわからないなどの理由から、その一歩を踏み出せない人々も多くいます。NPO法人「二枚目の名刺」では、このような社会人とSPOをマッチングして、**社会人の社会**

活動への参加とSPOの課題解決を同時に後押ししているのです。

サポートプロジェクトの仕組みはシンプルです。プロジェクトのサポート期間は原則として約3か月、5〜6人の社会人チームを編成し、このチームが仕事後や休日を利用してSPOの経営課題に取り組みます。取り組む分野に制約はなく、広報でもブランディングでもファンドレイジングでも何でもいい。社会人チームが手伝えることと、SPOの人たちが必要としていることがうまくマッチすればいいわけです。

これまでに行ったサポートプロジェクトには、たとえば助産院サービスの拡大をテーマにしたものがありました。助産師さんたちが個人で赤ちゃんをとりあげることがずいぶん減ってきているなか、産前・産後のママたちのケアをもっとしてあげたいと思う助産師さんたちが集まってつくった助産院があります。彼女たちが、その助産院の活動を広げ、より多くのママたちにサポートの手を差しのべられるようにするためにはどうしたらいいのか、ということをサポートプロジェクトでは一緒に考えました。

サポートプロジェクトの流れ

次に、サポートプロジェクトの流れについて順を追って説明しましょう。

まず、「二枚目の名刺」に所属する社会人メンバーが、「このSPOをサポートしたい」と手を挙げプロジェクトを企画します。

そして、一緒に取り組むメンバーを募集するため、〝Common Room（以下、コモンルーム）〟という、「二枚目の名刺」が主催する、社会人とSPOのマッチングイベントの場でSPOを紹介します。SPOの方にも、活動内容や今後に向けたプラン、サポートプロジェクトを通じてどんなふうにしていきたいかをプレゼンテーションしていただきます。

コモンルームに集まった社会人たちは、いくつかのプレゼンを聞いたうえで参加したいと思うプロジェクトの説明をさらに深く聞き、最終的に手を挙げるという仕組みです。その後は、「二枚目の名刺」内での中間報告を行いながら、さまざまな業界出身の「二枚目の名刺」メンバーからコメントをもらい、プロジェクトをブラッシュアップしていきます。

サポートプロジェクトは、3か月程度で終了するようなスコープ設定が原則になっています。なぜ3か月かというと、ひとつは、3か月以上先の自分の人事異動の情報など社会人にはわからないだろうという理由から。もうひとつは、夜間や休日を使って活動するから、それ以上やるとやはり疲弊してしまうからです。

ですから、テーマが大きくなるようであれば、それをぐっと絞るということは、一番最初にやることです。ただし、やはりそこで終わらせてしまってはもったいないというプロジェクトも、確かにあるんですね。その場合は、セカンドフェーズをつくってもう一度プロジェクトを立ち上げるということをやっています。

協働から生まれる意識変化と相乗効果

コモンルームには毎回、活動に何らかの理由で興味を持ち、初めて参加する社会人が多数います。参加者の**バックグラウンドは非常に多彩**です。1枚目の名刺（本業）はさまざま。たとえば、前述の助産院のサポートプロジェクトに参加した社会人の本業は、コンサルタント、会計士、官公庁、生保、損保、メディアなどです。通常の生活でもこれだけの人々と出会い、さらに**同じ目的に向かって協働できる機会はまれ**ではないでしょうか。また、年齢は今は20代〜40代が中心です。私が33歳だということもあり、もともと30代が多くいましたが、その後、20代が増え、最近になって40代が増えてきたという感じです。新聞などのマスメディアに取り上げていただいてからは、幅広い世代の方からの問い合わせが入るようになりました。今後、若い世代だけでなく、もっと幅広い世代に広がりを見せていくかもしれません。

30代の人たちは入社10年を超えて仕事の繰り返し感が出てきて、新しい刺激を求めるのかもしれません。ただ20代の人たち、つまり2年目、3年目の若い社会人ならば、「本業をまずはしっかり」という声もあることは認識しています。「二枚目の名刺」では、社会貢献的なメッセージを強く出していないからか、社会貢献よりも「何か新しいことをやってみたい」という感覚を持つ人が実際には多いです。なぜ20代の人たちがこういう活動を面白がってやるのか、その理由のひとつに会社での仕事の与えられ方も影響しているように思います。

すなわち、20代の人たちは、会社では下働き的な仕事をしていることが多いわけですが、社内の年齢構成が変化するなかで、ずっと同じような下働きをやることになるケースがある。あるいはマネジメントが短期的な業績を優先するあまり、これまでであれば経験・育成の観点から若手にまわってきていたような仕事がまわってこなくなっている。言い換えれば、クリエイティブでチャレンジングな仕事にアプローチしにくい状況が少なくない。

一方で、会社の外ではこうしたチャレンジが自由にできるわけです。そしてやってみると「自分でもこんなことができるのか」という発見があるわけです。付け加えると、大企業の方は特にそうだと思うのですが、お客さんとじかに触れるような機会が少なくて、自分が会社というパーツの一部にしか感じられないという面もあるかもしれません。外に出ると何か自分のしたことに対して反応をじかに得られるので、その経験も面白さのひとつにあるようです。こうしたことが会社の外で経験できることについては、1枚目の名刺の会社でも前向きな取り組みとして評価されてもいいように思います。

ここで、実際にこれまで参加した社会人の声を少し紹介したいと思います。

「社会課題に取り組むＳＰＯと一緒に考えることで、会社にいて見過ごしていた社会の変化に気づくことができた」（30代・生命保険会社勤務・人事担当）

「さまざまなバックグラウンドの人とプロジェクトに取り組むことが新鮮だった。考え方やアプローチが違うと新しいアイデアが生まれ、イノベーションが生まれる場だということを実感した」（30代・コンサルティング会社勤務）

「プロジェクトを通じて、自分のライフワークともいうべきやりたいテーマが見つかった。自分の所属する会社で人事やＣＳＲ（Corporate Social Responsibility／企業の社会的責任）部門を巻き込んで、〝コモンルーム〟の会社版を立ち上げることができた」（20代・メーカー勤務・営業担当）

このように、プロジェクトに参加した社会人の変化はとても多様なものとなっています。そして、面白いのは、**2枚目の名刺を持つことが、本業との相乗効果を得られる**可能性を示してくれていることです。

外の人と触れ合うと自分のスキルに気づく

自分のスキルと言われても何なのかわからない、という質問を、本当にいろいろな人からいただきます。「デザイナーや弁護士ならわかりやすいけど」と。

ひとつ言えるのは、自分ができることやスキルというのは、ある意味で会社の外の人たちと触れ合うことによってわかるということです。「あっ、自分にはこんなことができるのか」というようなことを、サポートプロジェクトに参加した人の多くが口にします。スキルというのは相対的なものなので、プロジェクトを進めるなかでSPOの方やほかのメンバーから言われて気づいていくのも自然なことです。

たとえば、テレビディレクターのケースであれば、情景を切り取ったり、わかりやすく伝えたりするスキルは、僕などから見ると、すごいなと思うわけです。

テレビのディレクターの方と一緒にプロジェクトに取り組んだときに初めて気づいたのですが、カメラを回すときにズームを使うことで、これまで止まっていた画面が一気に引き込まれる映像に変わるんですね。テレビ業界の方にとってはとても基本的なことかもしれませんが、私には驚きでした。ほかにもプレスリリースを日々ご覧になっている皆さんは、やはり目に留まる、取材したくなるプレスリリースの書き方についてのアドバイスができるのだと思うんです。言われてみて気づく面が結構あるのではないでしょうか。

企業の事業戦略との連携を図る

本業以外の場でどんなことに取り組むかは、人それぞれです。

ただ、ひとつ言えるのは、本業以外の場で社会をデザインするということに、2枚目の名刺を持つくらい**本気で取り組むからこそ、その人のなかで変**

化が起こるということです。社会の課題に触れ、本気で立ち向かうSPOの方と議論し、自らのプリンシプルともいうべき自分の価値観に気づき、その後のアクションが変わっていく。それが、本人にとっても、社会にとっても、そしてその社会人が所属する企業にとっても利となるような形になれば、社会で2枚目の名刺を持つ人はこれからもっと増えるでしょうし、**その結果として、豊かで活力のある社会が生み出される**と私たちは考えています。

社会人が2枚目の名刺を持つことをきっかけに、**1枚目（本業）でも、2枚目でもポジティブな成果に結びつくスパイラル**を生み出せたらと考えています。

これを実現するには、さまざまな企業と戦略的な連携していくことが重要です。なぜなら、こうした2枚目の名刺を持つことに企業がどういうスタンスをとるかは、その社員の行動に影響するし、企業が動けばより大きなリソースを活用しながら、より大きな変化を社会にもたらすことができる可能性があるからです。実際、我々の取り組むサポートプロジェクトを、事業戦略に活用したいという企業も増えています。人材系会社からは「人材育成事業の一環で取り入れたい」、製造業のある会社からは「イノベーション創出の場として興味がある」というお話がありました。

また、堅いといわれる銀行でも単なるＣＳＲにとどめず、地域密着の活動を通じた人材育成やイノベーション創出、そして新しい価値を提供する主体に対する将来的な貸出実行に向けた施策としても検討されているようです。

ほんの数年前だとかなり事情が違っていました。これまで、企業がＳＰＯと関わるのはＣＳＲの観点からが大半でした。すなわち、慈善事業の延長であり、必ずしも事業戦略と一致していなかったわけです。

私たちが「二枚目の名刺」を立ち上げた２００９年当時もまだそうした雰囲気は強く、基本的にはＣＳＲの一環として、サポートプロジェクトの取り組みに興味を持たれる企業がほとんどでした。

それが近年では、ＣＳＶ（Creating Shared Value／共通価値の創造）という新しい観点が生まれ、**企業と（地域）社会が連携して共有価値を創出することへの関心が、徐々に高まりつつあります**。すなわち、企業も事業戦略の一環として、ＳＰＯとの連携に取り組もうとしているわけです。**企業施**

策として取り込まれれば、社会人が2枚目の名刺を持とうと思うきっかけはより広がっていくものと考えられます。

2枚目の名刺は〝会社人〟ではなく〝社会人〟の名刺

少し話は変わりますが、最近では、社会人が本業で培ったスキルを活かしてボランティアをする活動や社会人自身を「プロボノ」というキーワードで呼ぶようになっています。

大きく見れば、ボランティアであることには変わりはないのですが、強いて言えば、より成果を意識した、コミットメント（仕事に対するやる気、責任）レベルの高い取り組みである点が特徴です。もともとの発祥はアメリカですが、日本にも、このプロボノと呼ばれるボランティアとＳＰＯをつなげる中間支援団体がいくつかあります。私たち「二枚目の名刺」のコモンルームに参加している人たちにも、こうしたプロボノに興味があると言って参加される方もいます。

そうした数ある団体のなかでの「二枚目の名刺」の立ち位置は、やはり〝人材輩出NPO〟であると考えています。

「二枚目の名刺」という名前が表しているように、名刺を持つ社会人が主役であり、私たちは、社会人の成長や気づきなどの変化を生み出すことにフォーカスしたいと考えています。同じ活動を通しても、やはり人それぞれの目的や得られる価値は異なります。それは自己成長、あるいは自己実現を図るためのプロジェクトであるのかもしれません。もちろん、社会貢献として参加している方もいます。**いろいろな方向性や価値観を持つ人たちが結びつき、新しい価値が創造できる**のだと思います。

そこで、私たちが何より大切に考えているのは、**プロジェクトを経験したあとに、それぞれが次にどんなアクションを起こせるか**です。

そして、より多くの社会人が実際に2枚目の名刺を持って社会活動に取り組み、人材育成やイノベーション創出につながることであるとわかれば、もっと企業と連携し、社会を見渡すことができ、アクションを起こせる人材の輩出を加速させられるのではないかと考えています。

最後になりますが、皆さんも一度は2枚目の名刺を持ってみてほしいと思っています。

この活動を通して私が個人的に思うのは、**2枚目の名刺というのは会社人としての名刺ではなく、社会人としての名刺**だということです。自分の価値観をダイレクトに表現できると思いますし、この**2枚目の名刺を配るアクションが自分の意識を変えてくれる。**繰り返すことによって人は変わる可能性があると思います。

本気になってアクションを起こした人が賞賛される。そんな心地よいピア・プレッシャー（仲間から受ける圧力）のなかで、本業の枠を越えて試行錯誤を繰り返すプロセスが、きっと本業にも利をもたらすはずです。

「会社の名前ではなく、自分の名前で」

「やろうと思えば、もっといろんなことを社会に仕掛けられるはずだ」

すごく青臭いですけれど、本気でそう思っているのです。

新世代の横顔 5
～廣優樹さんの場合

Q1 今の仕事の一番の魅力は何ですか?

人と社会の変化の最前線にいて、わくわくできることです。

Q2 自分の性格をひと言でいうと?

既存の枠からあえて飛び出すことが好きです。

Q3 休日の過ごし方を教えてください。

家族との時間と、思いを形にする
「二枚目の名刺」プロジェクトの時間が大部分です。

Q4 影響を受けた本、座右の書があれば教えてください。

アメリカの詩人、ロバート・フロストの『Mountain Interval』
所収の詩、"The Road Not Taken"です。(以下抜粋。訳は本人)

Two roads diverged in a wood, and I—
I took the one less traveled by,
And that has made all the difference.

森の中で道が2つに分かれていた。私は人があまり通っていない道を進んだ。
それが大きな違いを生み出したのだ。

Q5 尊敬する人、憧れの人を教えてください。

いくつになっても、新しいことにチャレンジしている人です。

Q6 いま現在の仕事の目標は?

2枚目の名刺を持つスタイルをより多くの企業に伝え、
"二枚目"な社会人を増やしていくこと。

Q7 苦境にいる後輩たちにメッセージをお願いします。

苦境を乗り越えて本気で取り組んだ分だけ、
次のステージでの活躍につながります。
思い悩みすぎず、アクションしてみることだと思います。

Q8 あなたにとっての最強のリラックスアイテム、リラックス方法を教えてください。

休日の朝、お弁当をつくって娘たちと公園に遊びに行くことです。

episode 6

自分らしい違和感と信念を持て

作家エージェント「コルク」代表

佐渡島庸平

佐渡島庸平
（さどしま・ようへい）
1979年生まれ。(株)コルク代表。講談社のモーニング編集部で井上雄彦『バガボンド』、安野モヨコ『さくらん』、三田紀房『ドラゴン桜』、小山宙哉『宇宙兄弟』などを担当。2012年10月に作家エージェント会社「コルク」を創業。

入社3年目で『ドラゴン桜』を大ヒットさせた佐渡島さんは、出版業界をこれまでになく面白くしたいと、2012年秋に講談社から独立した、同世代の「トップランナー」だ。編集者として、作家の才能を誰よりも信じ抜き、同時に作品をいかに多くの人に読んでもらうかを考え抜く力には、誰もが圧倒される。

そんな彼が立ち上げたのは、作家エージェント会社。『さくらん』の安野モヨコさん、『宇宙兄弟』の小山宙哉さんら、数多くの所属作家が彼に信頼を寄せるのには理由がある。それは、いつ何時でも作家からの電話には必ず対応し、そばに駆けつけることだ。担当する作家を、ほかの誰よりも把握するということは、生半可な気持ちではできない。「頭脳明晰でありながら、愚直に行動する」。この積み重ねが作家との信頼を強め、作品の強度を高めていくのだろう。

「いい編集者は、きっと、いいビジネスモデルを生み出せるはず」。佐渡島さんを形づくった仕事哲学に、僕たちは耳を傾けてみたい。

仕組みを変えれば〝常識〟も変わる

僕はたくさんの経験を積ませていただいた講談社という出版社を2012年に退社し、「コルク」という作家エージェントの会社を立ち上げました。講談社では2002年に入社して以降、退社するまでの10年間、週刊誌『モーニング』の編集部に所属していました。

そして入社早々、井上雄彦《たけひこ》さんの『バガボンド』、安野《あんの》モヨコさんの『さくらん』のサブ担当をさせていただき、その翌年には、自分の受験経験をもとに立ち上げた三田紀房さんの『ドラゴン桜』、2007年からは安野モヨコさんの『働きマン』を4巻から、そして2008年からは小山宙哉《ちゅうや》さんの『宇宙兄弟』などを担当し、ありがたいことに世間から「大ヒット」と言われる作品に多く恵まれました。ドラマ化や映画化した作品もあるので、普段マンガを読まなくても、作品名を聞いたことがある方は多いのではないでしょうか。

たぐいまれな才能を持つ作家と日常的に向き合い、ゼロから生み出された作品をいかにして多くの人に広めていったのか、これまでどう仕事と向き合ってきたかをお話しさせていただきます。

そもそも、僕がどんな人間かというと、数学の問題を解いて答えが合わないと**答えが間違っているんじゃないか**と思う人間です。就職活動でNHKを受けましたが、しょっぱなの書類選考、エントリーシートで落ちました。そこでまず思ったのは「落ちたのは何かの間違いなんじゃないか」ということです（笑）。普通だったら、「あ、ダメだったか」と思うところを「何かの間違いだ」と思うところが僕の性格をよく表しています。

それは仕事に対しても同じです。僕は『宇宙兄弟』でブレイクした小山宙哉さんをデビュー当時から担当してきました。２００６年、最初に担当した『ハルジャン』という作品の読者アンケートの結果があまりよくなかったときも、小山さんの作品の順位が悪くなってしまうこのアンケートシステムがおかしいんじゃないかと疑いました。そもそも、この時代にハガキのアンケートだけを信じているのが間違いだと。僕は小山宙哉という才能に惚《ほ》れ込み、最高に面白いと思っていましたから。

そこで僕は、ケータイからもアンケートに答えられるシステムを構築すべく会社に掛け合い、自ら導入までの作業を行いました。そうしてわかったのは、ケータイでアンケートに答えてくれる読者は、ハガキを送ってくれる読者よりも圧倒的に若いということでした。そのためか、『ハルジャン』のアンケート順位もケータイのほうが圧倒的によかったのです。

これを機に、講談社ではほかの雑誌でもケータイでのアンケートシステムを導入することになりました。小山さんの作品は『ハルジャン』後の『ジジジイ－GGG－』、続く『宇宙兄弟』に関してもアンケート結果は良好で、編集部の小山さんに対する評価も変わっていきました。**仕組みを変えると、世間の常識も変化する**のです。

普通だと自分の考えと世間の結果が違えば仕方ないと思いますよね。でも、僕は「いやいや、そっちがおかしいでしょ」と、**反対側にある仕組みを変えられないかといつも考えている**のです。

女性の口コミマーケティングを活用しろ

とはいえ、雑誌でのアンケート結果がよくても単行本が売れるとは限りません。『ハルジャン』『ジジジイ－GGG－』は単行本の売れ行きが悪く、2008年から連載を開始した『宇宙兄弟』は、背水の陣で臨んだ作品でした。この作品は、僕自身もほかのどんなものにも負けないくらい面白いと思っていましたし、連載開始当初から「面白いね」と言ってくれる業界関係者がたくさんいました。

しかし、それでも単行本自体の売り上げはあまりよいとはいえず、3巻ぐらいまでなかなか重版がかからない状態が続いていました。このままでは小山さんの作家人生をダメにしてしまう。僕はなんとしてでもこれを売らなければいけないと思いました。

当時のマンガの単行本の初版部数というのはせいぜい3万部くらい。今はさらに下がっています。加えて単価も500～600円ぐらいですから、使える宣伝費は多くて数十万円と限られています。

会社から期待されていない場合、今の出版業界にいる編集者はそこからヒット作を生み出さなければならないので、相当しんどい状況ではあります。ひと昔前とはかなり事情が違うんですね。ほんの10数年前までは今よりも雑誌が多くの人に読まれていたので、雑誌で話題になった作品は、結果的にそれが前パブ（事前パブリシティ）になって単行本が自動的に売れるという図式でした。しかし、雑誌がそうした機能を果たさなくなった以上、編集者はそこをしっかり意識して売るための方法を考えなければいけない。

そこから僕が考えたのは女性ファンを取り込むことでした。テレビの視聴率もそうかもしれませんが、マンガも**女性が読んでいる本は大きなヒットになりやすい**という傾向があります。男性ファンが多い作品よりも、**口コミで広がりやすい**からです。ところが『宇宙兄弟』の読者はほとんどが男性でした。それでも僕は、この作品は女性も楽しく読めるはずだから割合を半々にしたい、これは半々ではない市場がおかしい、と思ったわけです。

そこから予算がないなかで、どうやったら女性に読んでもらえるかを考えました。そして行き着いたのは「美容院にマンガを配る」というアイデアです。具体的に何をしたかというと、講談社には『ｗｉｔｈ』という女性誌があるので、その『ｗｉｔｈ』を定期購読してくれている美容院のリストをもとに、**400店舗ぐらいに手紙を添えて見本誌を送った**のです。４００冊の見本を送ると、郵送料を含めてそこそこの金額になりますが、会社が気にする金額ではない。手紙には「小山宙哉さんはすごく面白いマンガを描いているけど、まだたくさんの人に読まれていません。ぜひ美容院の美容師さんが休むバックヤードに『宇宙兄弟』を置いてください。そして、もし読んで面白いと思ったらでいいのでお客さんにすすめてください」と書きました。

なぜ、美容院だったか。ただ女性が来るという理由だけではありません。正直な話、美容院って、ダサい美容院からイケてる美容院までいろいろありますよね。でも、世の中で「自分が通っている美容院はダサい」と思って通っている人はたぶん少ないはずです。自分の通っている美容院がイケてると思っていれば、そこの美容師さんがすすめる映画やレストランを試してみる女性は結構いるだろうな、情報交換が行われるだろうなと思ったのです。

そのアイデアを思いついたとき、僕は自分がイケてると思う美容院に実際に話を聞きに行きました。そして、一日に何人のお客さんが椅子に座って、大体何回転ぐらいするのかを聞いたところ、小さい美容院でもかなりの顧客を抱えていることを知りました。たとえば、女性が3か月に1回ぐらい来ると仮定して考えると、一店舗あたり1000~2000人の顧客を抱えている。それを400店舗で口コミマーケティングができるならば、初期投資としてやる価値があると判断したんですね。実際に、美容院に見本を送ったあとにとった単行本の読者アンケートで、買ったきっかけの欄を見ると「美容院ですすめられました」というものがかなり多く、それは相当にうれしかったですね。

ひとつの成功体験を水平に広げる

僕は、編集者の仕事はひとりでも多くの人に読んでもらうために、最大限の努力をすることだと思っています。作品づくりに関して言えば最終責任者は作家であり、作品を生む際の苦しみを僕が肩代わりすることはできません。対して編集者である僕は、作家をサポートして作品を売り広める責任者と言えます。作品をつくる前の編集作業ももちろん重要ですが、実は**作品をつくったあとの仕事こそ重要な仕事だと考えている**のです。

『宇宙兄弟』の前に担当していた三田紀房さんの『ドラゴン桜』では、営業担当と相当数の書店をまわりました。今でこそ、編集者が書店をまわるのはよくあることですが、10年ほど前は、そんなことをする人間はあまりいませんでした。その目的は『ドラゴン桜』をマンガコーナーだけでなく、参考書のコーナーにも置いてもらうことでした。

2003年から連載を開始した『ドラゴン桜』は、登場人物が東大合格を目指す物語で、具体的な受験テクニックも入っているのが大きな特徴です。そこで描かれている勉強法は僕の受験時代の経験に基づくものが多くを占めています。そしてこの作品は絶対に多くの人に読まれる価値があると思っていました。中学時代の僕がこのマンガに出会えていたら、すごく勇気づけられただろうなと思ったからです。

僕は中学時代のほとんどを、父の仕事の関係で南アフリカで過ごしました。現地の学校に通い、3年生の1学期に帰国して高校を受験した経験を持ちます。その時代はネットも整っていなかったから、情報も入ってこないし日本の状況がまったくわからなかったんですよ。だから一生懸命勉強しても、果たしてこれが日本に戻って通用するのかなと、ひとり疑問を抱いていたんです。そうした悩みというのは普遍性のあるテーマです。同じように、たとえば大学受験をするのに近くに塾もないような地方で、孤独に勉強しているような学生がこの本を読んだら、きっと勇気づけられるのではないかと感じたんですね。

ところが、そんな思いに反して単行本は巻を重ねるごとに初版部数が落ち続け、読者アンケートの結果も芳しくない状況が続きました。そしてついには連載打ち切りの危機を迎えてしまいます。

そこで僕は、どうしたら受験生に手にとってもらえるのかを考えました。それでまず書店に行ってみると、参考書コーナーには受験の指南書のような本がいろいろ並んでいるんですよね。でも僕は、それらを読んでみて絶対に『ドラゴン桜』のほうがためになると思いました。それで書店をまわり「これはマンガだけど大学受験に役立つ情報が入っているから、参考書コーナーで売ってもらえませんか」と訴えていったのです。ここでも、『ドラゴン桜』の**内容自体は変えず**

に売り方を変えたというわけです。

けれどもそのハードルは高く、なかなか参考書のコーナーには置いてもらえません。書店をまわっていて気がついたのは、書店も縦割りの組織だという点でした。参考書のコーナーは昔からある分野なので社員の担当者がいることが多いのですが、マンガのコーナーは比較的新しいジャンルなのでアルバイトの担当者の場合が多い。書店の担当者は棚ごとではなく、自分の管理しているジャンルの売り上げで評価される仕組みになっています。つまり、マンガを参考書のコーナーに置いて売り上げがたっても、参考書担当ではなく、マンガコーナーの担当者の売り上げになるんです。それゆえ、参考書コーナーの担当者は自分の棚をなるべくコミック担当者に貸したくないという心理になるわけです。これには相当困りました。

それでも、しばらくして協力してくれるという書店が現れました。池袋のジュンク堂書店です。参考書コーナーで『ドラゴン桜』を大々的に展開してくれたおかげで、結果は大成功でした。そこから僕は、「池袋のジュンク堂書店ではこういうふうに売れました」という成功体験の案内を、２０００軒くらいの書店に宛てて一斉にファックスしたのです。講談社では各書店へ同時に販促を案内できるシステムがあり、それを活用しました。

するとありがたいことに、少しずつ協力してくれる書店が増えていきました。そこから『ドラゴン桜』は学生や教育熱心な親御さんなどに読まれるようになってブレイクを果たし、結果的に4年もの長期にわたり連載を続けることができました。成功体験がないところで物事を調整してくれる人は少なくても、**1個の成功体験を見せてあげると新しい挑戦に協力してくれる人は見つけられる**ものなんですね。

こうした体験を通して改めて思うのは、目の前にあるマーケットが自分の趣味・嗜好《しこう》や信念と異なり違和感を覚えているのであれば、**そこに迎合するのではなくそのマーケットを変えることはできないかを考える**ことが大事であるという点です。マーケットに合うように作品をつくるのではなく、自分が本当に面白いと思ったものを信じるほうがいい。そこで、いかに努力できるかどうかですが、僕にとってその心の支えとなるのは「作品が面白い」という気持ちだけです。

そもそも僕は、作品に時代性を求めていません。**価値がある作品というのは、時代の空気に関係なく何年も読み継がれるような普遍性のあるもの**だと考えています。そこではむしろ、時代をたぐり寄せて変えるくらいの気概が必要です。そのために、プロモーションをして部数を出し、作品に興味を持つ人を世の中に増やしていく。作品に時代性がなくとも、**プロモーションの方法に関しては、時代に合わせて考えないといけない**ということです。

モノが売れる条件

日本の製造業では、つくり手側が市場の声、つまりニーズを聞かないからモノが売れなくなっているとよく言われます。一見僕の考え方とは逆のようですが、実はそう遠くはないんです。常に世間の人の反応というのは正しいと僕が思っているからです。

そこで僕がまず思うのは、大前提としてモノをつくっている製造業の会社の人たちが、本当に自社製品をいいと思っているのかどうかということです。というのは、僕もたまに製造業の宣伝部の人と会って、タイアップの話をしたりするのですが、「あ、この人たちは自社製品をまったくいいと思っていないし、愛していないな」と感じるんです。日本の製造業に技術力があるというのは確かなのでしょう。けれども、会社全体が自社製品を心底いいと信じている会社って、意外と少ないのかなと、社員さんを見ていると思いますよ。まず社内で熱狂が生まれない限り、社外も変わらないですしね。

それは、アメリカの市場にも置き換えられます。マンガを受容しないのは、アメリカの人たちにそれが正しく伝わっていないからだと思っています。アメリカの人たちはまずアニメを見ます。するとそのあとにマンガをいくらすすめても、なんでわざわざ色のついてないマンガを読まないといけないんだと思っちゃうわけですよ。だから僕は、たとえば『宇宙兄弟』にしてもデジタルであればオールカラーにすることで目に触れさせることができるんじゃないかと思っているし、そうして読む習慣がついていったら、「アニメより原作のほうが面白いよ」という声が増えてくるのではないかなと思っています。

ただ、「自分たちはすごいものをつくってるんだ」「日本のマンガはすごいんだ」と言ってしまっていないかは、自分自身、常にシビアに問いかけていますね。何が世界の人の心を震わせるのか。やはり『週刊少年ジャンプ』（集英社）が言っていることは正しいですね。〝努力、友情、勝利〟はどんな世界でも通用するのかなと思っています。たとえば面白いバラエティ番組にはすべてが揃っています。この3つはやはり世界的なものじゃないかなと感じます。

あと個人的に、僕が講談社にいた頃に意識していたのは〝おもしろくて、ためになる〟。これは講談社のキャッチコピーです。それからもうひとつ、『モーニング』のキャッチコピーの〝読むと元気になる！〟。この2つのキャッチコピーを常に念頭に置いてつくっていました。

挑戦できる権利とスピード感が欲しい！

さて、僕は先にもお話ししたように、講談社を退社して「コルク」というエージェント会社を立ち上げました。理由はこれまでの話の延長にあり、自分が面白いと思ったものをもっとたくさんの人に読んでほしいからです。

僕たち「エージェント」がいわゆる編集プロダクションやフリーの編集者と異なるのは、サービスを提供する相手が出版社ではなく、あくまで作家であるという点です。

その役割をひと言でいえば、**作家と作品の価値を最大化**することだと考えています。作家には、心理的にも実務的にも安心して作品に没入してもらう環境が必要です。そのため、コルクでは作家と直接契約し、彼らに代わって出版社はもちろんそれ以外にもテレビ局などと交渉します。その際の成功報酬として僕たちは作家の印税や原稿料、映像使用権料などのなかから一定の割合をエージェントフィーとしていただきます。そうして作家が最大の効果を生み出せるように永続的にサポートしていく、非常に大きな責任を負う仕事です。

僕は常々、担当した作家を一生サポートしていきたいと考えていました。しかし会社員である以上、異動や昇進があれば担当を引き継ぎせざるを得ません。編集者が変われば作家にも負担をかけることになる。僕はどこまでも担当作家には作品に集中してもらいたいと思っていたのです。

コルクが大きな軸として考える将来的なミッションは、契約作家の作品を**日本だけにとどまらず世界中で広く読んでもらうこと。**そして**長く読み継がれるシステムを構築していくこと**です。

僕はマンガなど日本のコンテンツは世界に誇れるものだと思っています。日本でマンガが大ヒットしたといってもせいぜい1000万部くらいで、10億人が読むということはまずあり得ません。僕は、海外にマーケットを広げたいと常々感じていました。たとえば『宇宙兄弟』は累計1000万部を超えましたが、世界中の人に読まれてこそ、初めて大ヒットと呼べるのではないかと本気で思っているんです。

基本的に翻訳ものの作品は、国内の作家たちの作品よりも売れ行きが悪い傾向にありますが、それでも時として『ハリー・ポッター』シリーズのような作品が市場を席巻することがあります。それは日本の小説やマンガというコンテンツでもあり得るだろうと僕は考えているんですね。そして、そこに打って出ていきたいと考えたわけです。

　しかし、それは容易なことではありません。現状、日本のマンガがそれぞれの国でどれくらい受容されているのかというと、実は非常によく読まれていると言われるフランスですら、ないに等しい状況です。では、何が受容されているのかというと、基本的にはアニメなんです。ただ、話は少し逸れますがそのアニメに関しても今、マーケット事情として非常に厳しい状況にあると言わざるを得ません。そこにはさまざまな理由が絡んでいるのですが、世界的に日本のアニメの放送枠は減少傾向にあり、アメリカでも放送されているのはほんのわずか。そこでも新しいアニメは放送されることはなく、１９８０〜90年代のアニメが再放送されているという状況なんですね。

　こうした状況に打って出るとき、講談社でのこれまでの挑戦と違うのは、予想が立たないことです。ケータイのアンケートにしても美容院への展開にしても、ある程度、結果の予想が立つところで仕事をしてきました。しかし、日本のコンテンツを海外市場へ展開して成功するだろうと予想できるアイデアは今のところほとんどありません。そうしたなかでは、ひとつの成功するかもしれないアイデアにかけるというよりは、とにかく思いついたあらゆる可能性に、スピード感をもって挑戦していくことが必要なのです。

講談社はすばらしい会社で、僕の思いを汲んで社内ベンチャーの仕組みも用意してくれようとしていました。しかし、大きな会社なので、途中でどんな障害があるかはわかりません。必要なのは資本力ではなく、**100回でも挑戦できる権利やスピード感**です。

僕はそれが欲しくて会社をつくりました。**何百回失敗してもいいからひとつ当たればいい。**そして、そこで得られた成功体験は自社で独占するのではなく、講談社やほかの出版社にも「このように試してみたらいかがですか」と提案し、どんどん広めていければと思っています。

デジタル化は業界を活性化させる

コルクでは、コンテンツのデジタル化を積極的に展開していきたいと考えています。ただしこれは、雑誌や書籍などの紙媒体を否定するものではありません。

今の出版業界には、作家や作品を認知してもらう「機会」が不足しています。僕たちはその不足を埋めるために、多くの人の目に触れ話題にのぼる仕組みをつくっていく必要があると考えているのです。

出版業界の現状をお話しすると、昔に比べて、本の寿命はどんどん短くなってきています。新刊を出しても売れ行きがよくなければ書店からすぐに返品されてしまい、そこから再び売れるチャンスはないに等しいというのが実態です。出版業界が不況で苦しくなればなるほど出版点数が増え自転車操業が加速していった結果、長く読み継がれる媒体であった文庫の棚でさえも、今や1～2か月という短いスパンでどんどん回転するようになっています。そうなると、せっかくの読み継がれるべき作品は多くの人の目に触れる機会を失い、次々と埋もれていってしまうわけです。

ところが、これが電子書籍の時代になると変わります。まず、出した瞬間の宣伝に勝負のすべてがかかっていたこれまでの方法とは異なり、プロモーションをしたいときにいつでもできるようになります。**ネット上で何らかのバズ、口コミさえ起こせれば、その瞬間に爆発的に売れる可能性がある**のです。

たとえば、『宇宙兄弟』の英語版の本をアメリカの書店に撒《ま》こうと思ったら、そのためにどういうプロモーション戦略を立てればいいのか、僕には見当がつきません。しかし、もし何らかの方法で英語版の電子書籍をレディ・ガガに読んでもらえれば、ツイッター上で「『宇宙兄弟』って面白い」とつぶやいてくれるかもしれない。そうしたら当然電子書籍はもちろん、単行本もすごい冊数が売れますよね。

それから、今後スマートフォンやタブレットが発達してネット上での購入動静が安定していけば、常に市場に置かれている、という、作品が生き続ける状況をつくり出すことができます。

たとえば『ドラゴン桜』は2007年に連載が終了しましたが、これからも受験生や親御さんに長く読み継がれる価値を持った作品だと思っています。連載が終了して何年も経った作品が新規読者を獲得していくには、当然ながら新たなプロモーションが必要になりますが、そこをうまく展開すれば新学期が始まる4月や夏休み、冬休みなど、受験勉強が盛り上がる季節を中心に常に動き続けるようになるはずです。単純にこれを単行本でやろうとすると、書店の平台に並べるために膨大な労力とお金がかかってしまいます。しかし『ドラゴン桜』の電子書籍が売り上げランキングに入れば、**その現象が結果的にプロモーションとなり単行本が売れ出す流れをつくれるかもしれない**。結果的に、旧来の出版モデルのように新しい作品ばかりが店頭に並ぶことがなくなり、いつつくられた作品かということもあまり影響しなくなる時代が来るはずだと思っているのです。

それから、前提として**海外展開が容易になる**というメリットもあります。電子書籍では品切れの心配もありません。これまでは海外の書店で本を売ろうと思ったら、現地の書店員さんや流通に常に全巻を揃えるよう要求するのも至難の業でしたが、そうした問題も解決できるわけです。翻訳の作業も海外の出版社に丸投げするのではなく、自社で主体的に関わることで日本から配信してしまうことも可能なんですね。

とはいえ、電子書籍での販売は基本的に紙媒体で売るためのプロモーションという位置づけに変わりありません。プロモーションという観点では、やはりドラマ化や映画化といったメディアの力も同様に大きいものと考えています。いずれにせよ、デジタルの波が押し寄せているこの時代においては、**さまざまな可能性に挑戦しながら新しいビジネスモデルを構築していくことが何より大切**なのだと思います。それは結果的に、**低迷を続ける出版業界全体を活性化させる**ことにつながるはずだと信じています。

ワインを世界中に運び、時間を超えて飲めるようにするにはコルクが欠かせません。同じように、僕たちは作品や作家の価値を世界中に届け、後世に長く読み継がれるために欠かせない存在でありたい。そのために変化を恐れることなく常に前を向いて挑戦を続けていきたいと思っています。

新世代の横顔 6
～佐渡島庸平さんの場合

Q1 今の仕事の一番の魅力は何ですか?

ベンチャーの魅力は、将来が予測できないことです。
自分が想像している以上の未来がやってきたときの
ワクワク感といったら。

Q2 自分の性格をひと言でいうと?

一意専心。

Q3 休日の過ごし方を教えてください。

最近は仕事をするか家族と過ごすかです。今の僕にとって仕事は、本気の遊びです。サラリーマン時代はゴルフをしていました。

Q4 影響を受けた本、座右の書があれば教えてください。

遠藤周作『沈黙』(新潮文庫)、アン・マイクルズ『儚《はかな》い光』(早川書房)、ミラン・クンデラ『不滅』(集英社文庫)。

Q5 尊敬する人、憧れの人を教えてください。

クリエイター。
昔つくった作品にこだわらず、常に新しいものをつくろうと挑戦するクリエイターの努力する姿勢は常に憧れで、尊敬の的です。

Q6 いま現在の仕事の目標は?

世界中で流行《はや》る作品を生み出す。
新しいメディアを構築する。

Q7 苦境にいる後輩たちにメッセージをお願いします。

楽しもう。10年後に、その苦境が自分を成長させたと、
感謝することになる時間を過ごしているのだから。

Q8 あなたにとっての最強のリラックスアイテム、リラックス方法を教えてください。

寝る。マッサージ。

episode 7

明確な目的と熱の通った企画をつくれ

星海社新書 初代編集長

柿内芳文

柿内芳文

（かきうち・よしふみ）

1978年生まれ。星海社新書初代編集長。光文社を経て2011年9月より現職。163万部を売り上げた『さおだけ屋はなぜ潰れないのか？』をはじめ、『99.9％は仮説』『若者はなぜ3年で辞めるのか？』（以上光文社新書）、『武器としての決断思考』（星海社新書）、『ゼロ』（ダイヤモンド社）など、ベストセラーを数多く手がける。2013年11月末で星海社新書を「卒業」し、株式会社コルクに合流。次のステージに歩を進める。

1

63万部を売り上げた『さおだけ屋はなぜ潰れないのか?』で新書ブームを巻き起こした編集者。〝さおだけ屋〟のイメージから突拍子もない考えをする人かと思いきや、発想の目線が低く、素朴で面白い。それは、作り手として読者の立場を意識するという次元を越え、彼自身が読者なのではないか、と思わせてしまうくらいのものだ。

そんな彼が、光文社を飛び出し星海社新書の編集長として新しい挑戦を始めて数年が経った。そして、早くもまた新たな歩みを進めようとしている。彼は何を考え、どこに向かうのか。

企画が通らなかった新人時代、上司への接し方や他部署との付き合い方をあの手この手で変えてみたという話、「普通」であることをいかに忘れないかという話……ヒットを生み出しても決して偉ぶらない彼だからこそ、説得力があるエピソードが飛び出した。

どんなに素晴らしい企画でも、通らないことには始まらない。僕たちは、まず視点をしっかり社内に向けて、実現にこぎつける術を柿内さんから学びたいものだ。

「武器としての教養」を配るために

柿内芳文

僕は２００２年、新卒で光文社という出版社に入り、創刊してまだ半年しか経っていなかった光文社新書の編集部に配属されました。山田真哉《しんや》さんの『さおだけ屋はなぜ潰れないのか？——身近な疑問からはじめる会計学』（２００５年）や城繁幸《しげゆき》さんの『若者はなぜ３年で辞めるのか？——年功序列が奪う日本の未来』（２００６年）、『就活のバカヤロー——企業・大学・学生が演じる茶番劇』（石渡嶺司《れいじ》、大沢仁《ひとし》著　２００８年）などを手がけたあと、２０１０年９月に星海社という出版社に移籍しました。星海社は講談社初の社内ベンチャーとしてできた新しい出版社で、創立の際に声をかけていただいたのです。社員ではなくフリーランス契約になるということでかなり悩みもしましたが、「面白そうだ！」「ここでチャレンジしなければ男じゃない！」と、結局光文社を辞めてフリーになりました。翌２０１１年９月には「星海社新書」という新しい新書レーベルを立ち上げ、編集長を務めさせていただいています。

光文社では入社以来ずっと新書をつくってきたので、「新書以外の新しいことを始めよう」と思って星海社へ移ったのですが、じゃあ何をやろうかと考えたとき、「改めて新書をやろう！」という結論に戻ってきました。「新書ってそもそもなんだっけ？」と、自分のやってきた過去の仕事を初めて振り返ってみたんですね。本質を突き詰めると、僕にとっての新書というのは**「知の〝入り口の入り口〟を、若い人に提供するメディア」**である――1か月ほど考えて、その定義づけにたどり着き、そこで勝負をかけることにしました。「若者は本を読まない」と言われていますが、そんなことは絶対にない、オレがそのことを証明してみせると覚悟も決めました。新書のメイン読者層は40代・50代以上ですが、僕にとっての新書は、10代や20代のためのメディアなのです。

もともと新書というのは1938年創刊の岩波新書が始まりです。その当時は大学などの「アカデミズムの世界」が現在よりもはっきりとあった時代、一般的な読者との間に「距離」がありました。専門書は知識人のもので、大衆と学問の世界との間に、大きな川が流れていたんですね。そこで、その両者をつなぐものとして「新書」が生まれた。僕はそう捉えています。新書が、専門的な学問ジャンルや知識への「橋渡し」の役割を担っていたわけです。

そして、廉価でハンディ・コンパクトな新書は、若い人が新しい知識を身につけるのにも、もってこいでした。牛丼屋のコピーじゃないですが、**「安い・軽い・読みやすい」**は大きなメリットですよね。かつての大学生は、岩波新書や中公新書、講談社現代新書を読んで、学問の世界に入っていくことができました。

しかし今、新書はそうは捉えられていません。「新書ブーム」という言葉が象徴するように、「新書にすれば売れそうだ」「すぐ本にできそうだ」と無目的に惰性で新書をつくりがちで、対象読者もあいまいなものが多いですね。そして、新書を単行本よりも一段下のものとして捉えている人も多い。悲しいことに、特に編集者や作家に。僕はそれが、ただ残念なだけなんです。新書はそんなものじゃない、と叫びたいだけです（笑）。

僕は「新書ブーム」ではなく「教養ブーム」を起こしたいんですね。それも、**自分よりも年下の若い世代のあいだに**。だから、大きな目的を持って、意識的に、積極的に、新書レーベルをつくることを決意しました。そして、次世代の・次世代による・次世代のための「武器としての教養」というコンセプトと共に星海社新書を創刊し、同時にウェブサイト「ジセダイ」も立ち上げました。ほとんどの新書レーベルには「キャッチコピー」はあっても「コンセプト」はない。要は「誰に何を」が明確になっていないのです。新書は、高齢者向けに「老い」や「健康法」「年金」の話をするメディアでは決してありません。大衆向けに時事問題を適当にパッケージするものでもない。そうではなく、**これからの日本を担う世代の人間たちが、悩み、考え、行動するのを手助けするメディアでなければいけない**のだと思っています。

ちょっと我ながら暑苦しいですが、若い人から「熱」を取ったら、何が残るでしょうか。寺山修司さんは「経験の重みを原点にすると老人だけが世界について語る資格を持つ。ぼくらは地球のふちに腰かけて順番を待つしかない」と言っていますが、本当にそのとおりです。

僕は、閉塞感を理由にして行動しないのではなく、**閉塞感を打破するために行動していくことが重要**だと思うのです。そのほうが断然楽しそうだと思いませんか。僕は、仕事に対して多少の使命感もありますが、何より**楽しいことにどんどん挑戦できる人生でありたい**。そう考えるとこんなに楽しい時代はないし、歳をとればとるほど楽しくなっていくので、僕はもう来年になるのが楽しみでなりません。

何をしているか予想もつかない。でも確実に何かに熱中して楽しんでいる。閉塞感なんて入り込む余地がありませんね。

「バカな素人の自分」であれ

さて、「新書とは、知の〝入り口の入り口〟を、若い人に提供するメディアである」という話に戻ると、「入り口の入り口」とは、要は**「わかりやすい入門書」**であるということです。星海社新書では、若い人が抵抗なく、挫折することなく新書の世界に入り込めるように、「わかりやすさ」に徹底的にこだわっています。若者が本を読まないのは、わかりにくくてつまらないからです。本当にそれだけです。編集者や著者の自己満足に、彼らはついてきてはくれません。世の中に「わかりやすい入門書」をうたう本は多いですが、果たして素人でもわかる本当の入門書がどれだけあるのか疑問でしょう。

本当の入門書たりうるためには、僕は経験上**「2つの〝自分〟」に橋を架ける**ことが必須だと思っています。

1つ目の〝自分〟は、**「自分ごとである」**ということです。どんなに面白いことや、知っておくべき知識や思考法があったとしても、対岸の火事のような存在であったら、知りたいとは思わないし、ましてや本なんて読みません。

たとえば以前、会計学の本をつくろうとしていたときのことです。僕や多くの普通の人にとって、「会計学」は対岸にあるような話ですよね。簿記とか言われてもよくわからないし、必要性も感じません。どうすれば会計を自分ごとにできるか、著者と一緒にずっと考えていました。

そんなあるとき、『たけや〜さおだけ〜、2本で1000円〜、20年前のお値段です』と家の前を1台のトラックが通りかかりました。僕はその光景を見て「物干竿なんてたいしてニーズがないのに、なんで何十年も商売が成り立っているんだろう?」と疑問に思いました。そして同時に、「商売として続いているということは、何かしらの〝理由〟や〝カラクリ〟があるに違いない。そうだ、『なぜか潰れないお店』を切り口にすればいいんだ!」と思いつきました。そうすると、あんなに他人ごとだった会計学が一気に「自分ごと化」してくるわけです。これはひとつの事例にすぎませんが、このように対岸から此岸に橋を架ける作業が、本をつくるときには大切なんですね。

もう1つの〝自分〟は、「自分でもわかる」ということです。いくら自分ごととして捉えることができるようになったとしても、表現がまどろっこしかったり、論理展開が複雑だったり、専門用語を知らないと理解できないような内容であれば、そこで読むのをやめてしまうでしょう。だから、「僕」が読んでもわかる本であることが重要になってきます。ここで言う僕は、**バカな存在**なんですね。決して賢くはない。

僕は、編集者としての自分のことを**「プロの素人」**だと定義しています。たとえば会計の企画を進めていくと、どんどんそのジャンルに詳しくなって、プチ専門家になってしまったりするのですが、そうすると「自分でもわかる」の基準があやふやになってしまいます。徐々に一般読者よりも著者の考えに近づいていくので、たとえば「財務諸表ってなんですか？」とか「簿記ってルビをつけないと『ぼき』って読めないですよ」といった**バカな質問**もできなくなる。編集者が専門的になればなるほど、**読者が立っている岸からの景色が見えなくなりやすい**のだと思います。

そこで僕がやっているのは、最初に原稿を読んだときの感想を、本当にバカな質問も含めてすべて徹底的に書き残すということです。そうやって**「素人の自分」「普通の読者」という基準を消さない努力**をしています。2度目に読むときは、もうファーストインプレッションは消えてなくなっているからです。

実はその昔、最初に原稿を読んだときに「ちょっと意味がわかりづらいかなあ」と違和感を覚えた箇所を特に修正することなく、そのまま出版したことがあります。すると後日、まったく同じ箇所を「ここがよくわからなかった」と指摘する読者からの感想の手紙が届いたんですね。やはり、**「僕がわからないことは読者もわからない」**ということを、絶対的なスタンスにしないといけないのだと猛省しました。2度目に読んだときには、もう「わかったつもり」になってしまうんですよ。

ともかく、「2つの自分」にさえ橋を架けることができれば、それは入門書足り得ます。そこまでしてはじめて商売としてお金をいただけるのだと思っています。一見難しいとされる話題やテーマも、そのもの自体に難易度があるわけではなく、**橋渡しができていないから難しく感じるだけ**なんですね。

かのゲーテは「教科書は、魅力的であってもらいたい。魅力的になるのは、知識と学問のもっとも明朗で近づきやすい面を出して見せるときに限るのだ」と言っています。僕もまったく同じスタンスです。つまりは「もっとも明朗で近づきやすい面を出して見せる」というのが先にも述べた「2つの自分」のことであり、僕は常々**「魅力的な教科書」をつくりたい**と思っているのです。

普通というコンプレックスからの脱却

この大事さに気づいたのは光文社に入社して3年目、『さおだけ屋はなぜ潰れないのか?』をつくったときです。

僕はきわめて普通の大学生でした。スポーツや何かを突き詰めた経験も一切ありません。バイトをし、合コンをして、自堕落に麻雀に明け暮れる、どこにでも転がっている大学生でした。そんな僕がなぜ出版社に入ったのかというと、我が家は父も兄も編集者という編集者一家で、一番イメージしやすい職業が編集者だったからです。特に出版でやりたいこともなく、本当に何も考えていませんでした。

要は「身近だから」という理由だけで出版社を受けたのですが、やっぱりその程度の動機では1年間に50社くらい落ちました。しかも当時は、コミュニケーション能力が異常に低かったので、面接の1次すら通らないという状況。相手の目を見て話すということができませんでした。それでもなんとか努力して改善していって、大学4年の10月に、光文社の秋採用で内定をいただくことができました。

そうしてなんとか出版業界に入れたのはいいですが、人と会うたびに、いかに自分には深い知識も鋭い見識もすごい才能もないことを思い知らされる日々。「自分なんかが入る業界じゃなかった……」と2年くらいぐずぐず悩んでいましたね。同業他社の同世代の集まりに行くと大学時代から新聞をつくっていた者、考え抜かれたジャーナリズム論を持つ者など強者ぞろいで意識が高く「自分はこういうことをやりたい」というものを皆明確に持っているんですよ。でも、僕にはそんなものはない。ただなんか面白いことがしたいというくらいでした。それから、新書編集部に配属されたので、新書をつくるために大学の教授などその一線で成果を挙げているすごい人に会いに行くのですが、そこでもなんにも話せないんですね。「本を書いてもらいたい」という意思を持って行っているのに、自分みたいな人間がいざ何を話せばいいのかがわからない。それで憂鬱になって帰ってくるという繰り返しです。「自分にはなんの武器もない」とコンプレックスを持っていました。友人とヤケ酒ばかり飲んでいました。

そんなときに出会ったのが、同世代の会計士、山田真哉さんです。彼となにか会計の本をつくろうという話になって、「何もない」20代半ばの若者2人で、1年近くがむしゃらに考え尽くしました。僕はまだ新人編集者、山田さんも新人会計士で、お互いにまだ素人に近く、だからこそ普通の人の目線で、どうすれば「会計学」をわかりやすく、面白く、ためになる形で本にまとめることができるか、徹底的に議論したのです。

そうして完成したのが『さおだけ屋はなぜ潰れないのか?』でした。

そして、蓋を開けてみるとこの本は163万部を超えるベストセラーとなりました。このときにわかったのは、それまで自分を悪い意味で「普通の人間」、特徴や強みのない人間だと思っていたけれども、**普通の人だからこそ一般の人の視点がわかる**ということでした。実はそれこそが**自分にとっての最大の武器**であることに気づかされたのです。まさにオセロの色が黒から白へと一気に変わっていくような感覚でしたね。

それからは、「普通」であることに一切のコンプレックスがなくなりました。普通の人間を突き詰めた「プロの素人」として、どんな人とも対峙《たいじ》できるようにもなったのです。自分の意見を、自信を持って相手に伝えることができるようになりました。それまでは、「スゴいこと」「気のきいたこと」を言わなきゃいけないと思い込んでいたのですが、普通のことを普通に、ただ徹底的に考えたうえで言えばいいということに、初めて気づいたのです。

企画は日常生活で感じた問題意識から生まれる

星海社新書でこれまで出した本は、『仕事をしたつもり』（海老原嗣生《つぐお》著、2011年）や『武器としての決断思考』（瀧本哲史《てつふみ》著、2011年）、『僕たちはいつまでこんな働き方を続けるのか？』（木暮太一著、2012年）、『20歳の自分に受けさせたい文章講義』（古賀史健《ふみたけ》著、2012年）など、さまざまです。

そして、これらの本の企画は、**日常生活を送るなかで普通の人間である自分が感じた喜怒哀楽や問題意識を徹底的に考えることから生まれたものばかり**です。企画にするかどうかの基準は、世の中のニーズなんかではなく、常に「自分」。そこから、では「他人」にそれを伝えるためにはどうすればいいのか、著者と一緒に深くさぐっていくことになります。

「タイトルの付け方がうまい」と評価をいただくことも多いのですが、**タイトルやキャッチコピーは、実は優先順位としてはいちばん最後**にあります。

「2つの自分」や「新書はこうあるべき」といった自分なりのベースの考え方があって、そこから派生していくものが、タイトルやコピーです。**一番重要なのは「企画」であり、「内容」そのもの**ですよ。

仮に、他人にタイトル付けのテクニックを教えたとしても再現性がないものですし、やはりテクニックでどうにかなるものではありません。企画にもタイトル付けにもノウハウはない。根と幹があって、はじめて枝が生えてくるのに、枝の話だけしても意味はありません。**重要なのは、本質やコアの部分を徹底的に考えること**だと思います。

僕の付けるタイトルはインパクト狙いだと揶揄《やゆ》されることも多いのですが、最初から狙って付けているのではなく、根や幹の部分から考えていったら**結果としてインパクトが出た、**ということが多いんですね。この順番を間違えると、大変なことになります。新書はタイトルが命とか言っている人は、何も大事なことがわかっていない。

テクニックではなく、僕がタイトル付けで特に気をつけていることをお伝えしましょう。それは**「対話が生まれるかどうか」**ということです。書店で本を見かけた人との間に何かしらの〝対話〟が生まれないと、手に取ってはもらえないと思っています。膨大な量の本が並ぶなか、スルーされてしまう。その本のコンセプトに対して、潜在的に問題意識を持っている人がちゃんと手に取ってくれるよう、そこは徹底的に商売人の立場に立って考えます。読者は「消費者」であり、タイトルは「宣伝コピー」です。プロの素人として、メーカーに勤めている自分が見たらどう思うか、10年前の自分は何を感じるか、などと考えていき、最後の最後は、やはり**「この本は〝誰に何を〟伝えたいか」**という想いや熱の部分を大事にして、最終判断を下します。幹から枝葉のことを考えていき、最後はやっぱり幹に戻っていくイメージでしょうか。

人の人生を変えるほどの〝文化遺伝子〟を残す

本をつくるとき、僕がいつも想起しているのは、休日の渋谷駅前のスクランブル交差点です。あの群衆に遠くから石を投げれば、ぜったい誰かに当たりそうな気がしますが、そういった力や意志のない投石は、案外誰にも当たらずポトリと地面に落ちてしまうものです。たとえが適切かどうかわかりませんが、**群衆からひとりを引っ張り出し、その人の胸ぐらをつかんで、全力で顔面にぶつける**くらいのことをしないと、とても石は当たりません。

「誰に何を」という目的も熱も矜持《きょうじ》もない本が、毎年どんどん増えているような気がします。英語の本が当たったら英語の本、老いの本が当たったら老いの本。今の出版業界はとにかく出版点数を増やして、ビジネスのラットレース化を加速させています。だからみんな、どんどん忙しくなって、どんどん視点が短期的になってきている。それに僕自身も大きく加担していることに忸怩《じくじ》たる思いがあります。よく「出版不況だから」と言いますが、僕自身がそれを生み出していることから目を背けず、早急に手を打たなければいけません。

星海社新書は、新書の読者層が40代以上であるなか、あえて10代、20代をターゲットにしていますが、それは、「あたらしい読者（読書人）を増やす」という目的もあります。いくら魚がとれるからといって、ずっと同じ漁場にいては、いずれ枯渇してしまうでしょう。気づいたときには、魚はいない、のです。「読者を増やす」という目的にのっとって、星海社新書は大学の生協で売ってもらうことに、かなり力を入れています。売り上げから言えば当然、大型書店のほうが遥かに大きいので、生協に力を入れることは、商売の鉄則としては間違っているかもしれません。しかし、「アルバイトなど、自分で初めて稼いだお金で、自分の好きな本を買う」経験をすることが多い大学生協で展開することには、数字以上の価値があると思うのです。

僕自身がそうでした。引っ越しのバイトで稼いだなけなしのお金を片手に、大学の生協で、村上春樹に出会い、『深夜特急』に興奮して、『麻雀放浪記』に明け暮れる……。どこにでもいる普通の大学生です。しかし、新書などのノンフィクションに興奮することは、残念ながら一度もありませんでした。岩波新書などを読むことはあっても、授業の課題であり、「なんか、難しい……」「面白くない……」「オレはやっぱりバカなんだ……」と凹むだけ。せっかく有り余る時間のなか、さまざまな知恵や知識を仕入れ、世界を広げるチャンスだったのに、自らその機会を遠ざけていたのです。

だから僕は、知の入り口の入り口である新書を、大学生にこそ読んでもらいたい。読んで、「面白いじゃん！」「タメになるなあ」とまずは感じてもらい、そこから広がる「知識の海」や「世界」にダイブしてもらいたいと思っています。

僕は本というのは**「文化遺伝子」**だと考えています。著者をはじめ、本作りに関わる多くの人の想いがそのまま形となった**一冊が、誰かの体内に入ってその人の血肉になったときに、その人の人生も変わる。**大げさではなく、本にはそれだけの力があると信じています。僕自身の人生も、大きく変わってきました。だからこそ、出版物を出すからには、単なる自己満足や、「売れてよかったね」というレベルを優に超えていかなければいけない。明確な目的を持ったうえで、熱の通った企画を作る必要があるのです。

青臭い若さは企画を通す武器になる

後輩たちによく訊かれるのが、「上司に企画を通すにはどうしたらいいか」という質問です。確かに、いくら新しい切り口やすばらしい可能性がある企画であってもそれが通らないことには何も実現しないし、もしくは結果的に通った企画でも、数人の上司のフィルターを通したことで凡庸なものに「洗練」されてしまう、といった問題もあるでしょう。

かくいう僕も新人の頃、なかなか企画が通らず悩んだ口です。後年、会社の上司や先輩、もとい〝じじい〟にかわいがられる技術を身につけるための『じじいリテラシー』という本を企画したほどです（笑）。

それでも企画が通らないということも多々ありましたし、一概には言えないのですが、いわゆるステークホルダーとなる人とコミュニケーションを密にとることは超重要です。

昔からよく言われていることだと思いますが、まず**こまめに顔を見せる**とか、**話をしっかり聞く、挨拶をきちんとする、相手の好きなものを覚**

える、食堂で隣に座って話しかけて仲良くなるといった基本的なことが大事なのかもしれませんね。それを徹底的にやる。特に20代の男性であれば、つまらないプライドは捨てて、全裸にでもなるべきです（笑）。

出版社でいえば、僕は書店を担当している営業の部署にもよく顔を出す編集者だったと思います。つくることだけに集中して「あとは良い本だから売れる」という人もいるかもしれませんが、結局、部数を決めたり、何を重点的に仕掛けていくかを決めたりするのは営業の部署でしたので、コミュニケーションを密にとることが大切だと思ったのです。あと単純に、営業の人と話すのは楽しいですし、学びもたくさんあります。

直接的に企画を通すかどうか決めるのはやはり編集長ですが、いくら企画が通らなくても、「オレのこのアイデアをわからない老害どもめ！」なんて態度だけはいただけません。それでは社内で孤立していくだけで逆効果です。ただ、すべてに対して「イエスマン」でも可愛げはないものです。**たまに反発するくらいがちょうどいい**のだと思います。これもたとえが適切かわかりませんが、イメージとしては、かわいい**犬に腕を噛《か》ませてあげるような感じ**でしょうか。自分はその犬になる。主導権は飼い主である上司が握っているところが肝です。

僕も光文社に在籍していた頃、なかなか本のタイトルが通らず（特に役員の人に……）苦労しました。特に『さおだけ屋はなぜ潰れないのか？』というタイトルは理解されず、非常に困りましたね。それで、毎日のように著者の山田さんに会社に来てもらい、一緒に会議室で200〜300タイトルくらい代替案を考えたのですが、やっぱり最初のタイトルを超えるものは思いつきませんでした。そこで最終的にどうしたかというと、編集長に対して2人で「なんとかこれでお願いします！」と必死に訴えたのです（笑）。考えたタイトルを見せながら「これだけ考えたのですが、かくかくしかじかの理由からやはり最初のタイトルのほうがいいと思っています！」「男性○○人、女性××人に聞いてみましたが、こっちのタイトルのほうがいいという意見が多かったです！」と。

先ほども述べたように、山田さんも僕もまだ20代半ばでした。僕が思うに、企画が通ったのは上司がそれを完全に納得したからではなく、単純にそういった**若気の至りのような「熱」が最終的な決定打になった**のではないでしょうか。僕も後輩がそんな感じで提案してきたら、「まあ、そこまで考えてそこまで言うんだったら……やってみる？」くらいのことは言ってしまいそうです。**「コイツなんか青臭いなぁ」という全力さと若さは、20代にとってものすごい武器になる**と思うんですよね。こうして僕も今、青臭い話をさんざんしていますが、これはもう素ですから特に恥ずかしさはありません。でも実は、最初は計算から入ったところもあります。あまりに企画が通らなかったので切羽詰まっていたんですね。

でもそうやって、ある意味**「演技」をしていると、いつの間にかそれが素になってしまう**。おすすめの方法ですよ。ただし前提として、徹底的に「考え抜く」ことが必要であることを、繰り返しておきましょう。ただ熱ければいいのでは、決してありません。

活動全体でメッセージを届けろ

振り返ると、平社員から編集長になっていちばん変わったのは、より**中長期の視点に立てるようになった**ことだと思います。新書というのは「10年単位」で売っていく、ロングスパンの商売なんです。もともと流行に左右されない普遍的な問題をテーマにしてきたところがあるのですが、編集長になる前は**「一冊全力入魂」状態**でした。「一冊の本の力で世の中を変えてやる」と力んでいたのですが、今は「レーベル単位でメッセージを発していく」ことを軸に、数ある企画を〝集合体〟や、それこそ〝生態系〟のように捉えることができるようになってきました。

僕はこれから、「コンセプトの時代」になっていくと思っています。そしてそのなかで、**「文脈」をつくる**ことこそが、編集者のメインの仕事になっていくのだろうと思います。ストーリーと言ってもいいかもしれません。さらに言えば、そうして文脈をつくるいろんな選択肢のなかのひとつとして本があるということです。ぶつ切りの一冊ではなく、**「全体の活動自体」をメッセージとし**

て伝えていかないと、もう消費者には届かないという、よりシビアな時代になりつつあります。

そういった時代では、一社ひとり勝ちを目指しても、もうあまり意味はありません。担当作の一冊がベストセラーランキングに入ったとしても、それだけじゃ大きな流れはつくれない。「売れてよかったね」で終わりです。たとえば星海社新書だけが大学生協で目立つようになっても、あまり意味はないでしょう。

そんななか、僕がこれからやっていきたいのは、出版業界全体で何か大きな流れ、「文脈」や「価値」をつくっていくことです。そういったチャレンジの手始めとして、僕は数年前に星海社新書を創刊しました。

これから何をしようか、今もワクワクしながら考えています。出版業界でやりたいことなんて何もなく、コンプレックスしかなかった「普通の自分」でもできることがあるはず。現状維持や言い訳を言うことだけはしたくないので、一歩ずつ着実に、前にだけは進んでいきたいと思っています。

そういえば最近、就職活動中の大学生とご飯を食べる機会があって、「出版業界ってどう思う?」と聞いたら、**「斜陽産業で頑張っている残念な人た**

ち」って言われてしまいました……（笑）。

「空気を読まないでストレートに言いやがって」と一瞬イラッとしたのですが、よくよく客観的に見たら、そのとおりだなと思いました。編集者って言われても、一般の人には、本をつくっていること以上に何をしているのかがさっぱり伝わらないんですよ。日本でいちばん有名な編集者は、『サザエさん』に出てくる伊佐坂先生の担当編集者であるノリスケさんだと思いますが、あんまり真面目に仕事していないでしょ？（笑）

出版社は放っておいても募集すれば応募がくるので、いまだに倍率は高いですし、危機感は薄いと思うのですが、それじゃ全然ダメです。僕は、本好き・読書マニアの人が出版社に来てもどうしようもないと思っています。

最近は社会起業家やＮＰＯに注目が集まっていますが、むしろ**「世の中を変えていきたい！」という問題意識がある人にとって、出版業界がひとつの選択肢にならないといけない。**すばらしい才能や思想を世の中に広めていくという仕事は、「世の中を変えていく」ことにつながらないはずがないわけですから。才能や思想をパブリックなものにするのが、パブリッシュ（出版）

ですよ。

だから、編集者は黒子でもいいのですが、自らの仕事や役割について、もっと外に向けて説明していく義務もあるのだと思います。僕が「世の中を変えていきたい」という青臭い学生に出会ったら、「だったらこの業界に来いよ」と言いたいですね。本が好きかどうかなんて、どうでもいいですよ。

新世代の横顔 7
～柿内芳文さんの場合

Q1 今の仕事の一番の魅力は何ですか?

人生のすべてが仕事に役立ち、
仕事のすべてが人生に役立つこと。

Q2 自分の性格をひと言でいうと?

特に変わったことはしていません。映画を観たり、
少し遠出してみたり、友達や家族と過ごしたり。

Q3 休日の過ごし方を教えてください。

千葉で波乗り。

Q4 影響を受けた本、座右の書があれば教えてください。

トーマス・G・スミス『ジョージ・ルーカスのSFX工房』(朝日新聞社)。

Q5 尊敬する人、憧れの人を教えてください。

名編集者の神吉《かんき》晴夫(1901-1977)。

Q6 いま現在の仕事の目標は?

希望をつくることで、大いに飯を食う。

Q7 苦境にいる後輩たちにメッセージをお願いします。

それは壁じゃなくて、階段になる。

Q8 あなたにとっての最強のリラックスアイテム、リラックス方法を教えてください。

すごい質問!
ううむ、日の出とともにサーフィンすることでしょうか。

episode 8

自分と向き合い
モチベーションを
保て

元プロ陸上選手

為末大

©Katsumi Kosakai

為末 大
（ためすえ・だい）

1978年生まれ。元プロ陸上選手。シドニー、アテネ、北京五輪に出場。世界選手権では2001年エドモントン大会にて400mハードルで3位に入り、スプリント種目で日本人初の銅メダル、2005年ヘルシンキ大会でも銅メダルを獲得。著書に『走りながら考える』（ダイヤモンド社）、『走る哲学』（扶桑社新書）など。

為末さんのすばらしさは、陸上人生で培ったあらゆる経験や方法論を〝因数分解〟して言葉にできるところにある。「勝つとは何か」「負けるとは何なのか」――その思考は、もはや哲学の領域にまで及んでいる。「喝采」と「罵声」が交互に飛び交う厳しいスポーツの世界で生き抜くため、目の前で起きた出来事に一喜一憂するのではなく、物事を構造化し、自分の存在理由や立ち位置を突き詰める必要があったのだろう。この考え方は、多くの会社員にも応用できる。

たとえば、与えられた業務を達成する際、到達すべき目標から逆算し、いま何をすべきかをリストアップすると取り組みやすいのだが、これは学生時代に培った「入試対策」と相通じるものだということ。

こうした学生時代の成功体験や失敗体験を総動員して、目の前の仕事に具体的に置き換えることができれば、どんな局面でも、人は輝いていける。それを、為末さんはハードルと言葉で僕たちに教えてくれる。

「負け知らず」の初めての挫折

為末 大

2012年、僕は陸上競技人生に幕を閉じました。

幾度となく訪れたスランプや挫折を乗り越え、最後の瞬間まで勝負にこだわり無我夢中で駆け抜けた25年。高校を卒業してから引退するまで、一貫してコーチをつけずに自分で自分をマネジメントしてきました。その経験も含め、競技人生で培った多くがビジネスの場に通用する感覚であると考えています。実際、僕がどういう気持ちでさまざまな局面を乗り越えてきたのかをここでお話しすることで、ぜひ皆さんのキャリアに少しでもお役立ていただければと思います。

そもそも僕が陸上競技を始めたのは8歳。すごく足が速い子どもでした。というか、図抜けて速かった。中学校3年の時の全日本中学校選手権では100m、200m、400m、走り幅跳び、3種競技A・Bで全国1位になり、特に200mでは21秒36というタイムを叩き出しました。

当時の僕はカール・ルイスに憧れ、100mで世界一になることを夢見ていました。実際、このときの記録はカール・ルイスの15歳以下の記録よりも速かったのです。理屈でいくと20歳頃には１００ｍ９秒台を出してもおかしくない選手ということになります。自分でも「あ、これは日本人初の９秒台を出すな」と思うくらいでした。

中学3年生の頃の僕の身長は１７０ｃｍで体重は66ｋｇ。体脂肪も６％と、実は今とほとんどサイズが変わらないんですよ。中学三年生としては理想的な体格を持っていたからどんなレースも楽勝で、10ｍ以上差がついていたわけです。

そんな僕のおごりが打ち砕かれたのは高校生の頃です。高校は陸上の名門校に進み、インターハイに向けてトレーニングを重ねていきました。入学早々、４月に怪我をしてしまったものの、秋の国体で１００ｍと４００ｍ種目で優勝するんですが、「おや？」と思いました。それまでは2位の選手との開きが10ｍはあったのに、５ｍにまで縮まっていたんです。

それでも「まあ、怪我もしたし調子も万全じゃないからだろう」とあまり気にしなかったのですが、高校2年生のレースになると、今度は県大会でも後ろの選手との開きが５ｍくらいに、危ないときには2、３ｍくらいになるんですね。

考えてみると簡単なことで、僕がまわりよりも早熟すぎたのです。ほかのライバルたちが高校生くらいで身長も体重も落ち着いてきて、筋肉もだんだんついて基礎体力が上がっていくなかで、僕だけが中学校のときからずっと同じ数値のままでした。

それでも、高校2年生まではなんとかなっていましたが、決定的だったのは3年生のときに出場した県大会。１００m走の決勝でついにひとつ下の後輩に負けます。中学1年から負け知らずで生きてきた自分が、そこで初めて負けるわけです。しかも僅差で負けたわけではなく、10m以上も差がついた完敗でした。

そこから僕は必死に努力も工夫もしましたが、インターハイの結果も4位と振るわぬ成績。決して調子が悪かったわけではなく一生懸命やった末の結果でした。

その頃から僕は、このままでは陸上競技で全国一番になどなれない、ましてやオリンピックに行く夢なんて到底無理だと焦り始めます。そこで僕は、１００mに見切りをつけようという気持ちになっていました。それで、４００m走に比重を置いたところ、インターハイで優勝することができたんですね。そこから世界ジュニア選手権の代表に選出されたのですが、結果は4位でした。

1位はアメリカの選手で、2位以下に大差をつけての圧勝でした。その選手のインタビューを横で聞いていたら、「陸上競技で基礎体力がついてよかった。これで心置きなくアメフトに戻れます」というようなことを言っているわけです(笑)。こういう能力を持った人間がごろごろいる世界なんだ、と否応なしに気づかされたんですね。

それで、僕は呆然《ぼうぜん》と他の競技を見ていたんです。そのとき、ちょうど400mハードルの決勝レースが行われていました。すると、先頭を走っている選手がハードルの前で歩幅をちょこちょこ合わせているのが見えました。僕はそれを見て、これが世界の決勝かとびっくりしました。そして「ひょっとして、俺のほうがうまくできるんじゃないか」という気になっていたのです。

頭のなかを整理するために、400mハードルと100m走のメリットとデメリットを書き出してみることにしました。すると、書けば書くほど自分に向いていることがわかります。たとえば、この種目は足の速さだけで決まるものではなく分析が必要なこと。当時、日本でも400mハードルで活躍された選手がたくさんいましたから、使えるデータの蓄積もあります。それにハードルに関しては、手足の長い西洋人より日本人のほうが有利だし、何より競技人口も少ない。

悩んだ末、高校3年生の8月の末に僕は400mハードルに転向するという結論を出し、そこから34歳で現役を引退するまでこの競技をやり続けました。

“あきらめ”は勝利につながる第一歩

今考えてもラッキーだったのは、ダメなものはダメだと早い時期に学んだことです。ただ、そこに非常に大きな失望感があったのは事実です。今でも一番好きな種目は何かと聞かれたら、迷わず100m走と答えます。でも残念ながら僕にはそういう才能もないし、そういう体で生まれてもこなかった。

当時、僕は**「好きなこと」**と**「できること」**、果たしてどちらの人生を選んでいきたいのかと、とことん自分と向き合いました。今振り返ると、自分の人生の価値観を決定づける分岐点だったのだと思います。

僕はあのときに、勝てるものを選びました。世界一になるのはあきらめたくないから、100m走はあきらめる。とにかく勝って世界に一番近づけるものに絞り込もうと、ある種、割り切ったのです。選手でも、それぞれの分岐点で決断できず、「自分はこれをやりたくて始めたんだから」という情熱やこだわりに最後まで縛られてしまって、自ら成長を止めてしまうケースが少なくありません。

人生の価値観の問題なのでしょうが、ひとつ言えるのは、往々にして、**最初に選んだものが自分に適性のあるものとは限らない**ということです。

やはり、つまずいたときには**自分が本当は何に向いているのか、自分にとって譲れないものは何なのか、自分自身を正しく知るためにも、一度ひいて考える**タイミングを持つことが重要ではないでしょうか。自分の仕事や立ち位置が変われば、「勝ち」の基準も変わります。やめる潔さが、結局勝ちにつながることもあるのです。

仮説の状態で行動し、場になじめ

ハードルに転向して4年目、大学4年生のときに僕は晴れてシドニーオリンピックの代表に選ばれました。すると、今までなかったいろいろなことが起きました。まず、よく言われるように親戚が増えました(笑)。取材もたくさん受けたし、地元に後援会もできて、大応援団が現地に応援に来てくれるといいます。

そうして迎えた予選レース当日。僕はパニックになるぐらい緊張していました。人生であんなに緊張したのは後にも先にもありません。そしてなんと、僕はこのレースの終盤、強風にあおられてハードルに足を引っ掛けてしまい転倒します。

スタートして1台目を越えたときには、すでに自分のなかで違和感がありました。何か変だなと。そのまま2台目、3台目までいくと、違和感がどんどん大きくなっていく。4台目、5台目になると、すごく変だと感じました。でもその時点で他の選手よりも断然リードしていたんですね。そのまま6台目、7台目とき て、8台目でいよいよその違和感に耐えきれなくなってくるんです。

そのときに何が起きていたかというと、当日は、ものすごい向かい風が吹いていて、歩幅が届かなくなっていたのです。でも、本人はそれに気づいていない。8台目を越えて9台目にいくときに突風が吹いて、いよいよ足が届かなくなって転倒します。大勢の親戚の目の前で転んで、人生で一番遅い62秒というタイムでゴールしました。これが僕にとって最初のオリンピックです。

何のための4年間だったのかとショックを受けて、日本に帰ってきてからも1か月ぐらいはやる気が起きず、呆然と過ごしていました。そして、ようやく落ち着いてきたある日、改めて録画ビデオを見てみると、やはり、風がものすごく強くてユニフォームがパタパタしている。人生でこんなに悪い環境で走ったことがなかったことに、はたと気づきました。気候の違いもありますが、日本の競技場はほぼ無風の状態になるよう設計されているんです。僕はそういう競技場でしか走った経験がなかった。そして、オリンピックを開催するような競技場が、環境が悪いはずがないという思い込みがあったのです。

実はハードル選手にとって大切なのは、走力はもちろんですが、走ってきて踏み切る場所と設置されている場所を合わせる能力です。これが、全体の3割ぐらいを占める重要なファクターなんですね。

踏み切る場所が、適正なポイントより少しでも前にずれていたら、足を振り上げる前にハードルにぶつかってしまうし、少しでも後ろにずれていたら身体が落ちてくるときにやはり足がぶつかってしまう。風の向きや体調によっても左右されてしまうので、その都度、いつもの走りを微調整する必要があるわけです。

　それなのに、僕は日本の競技場でしか走ったことがないから、いつもと同じ幅で走ってしまった。向かい風が吹いているのにいつもと同じように走っているから、気がついたら3歩分もハードルが遠くなっているわけです。これを、最後の3歩で無理やり合わせて跳ぶということを繰り返していたので、最初は2、3cmのずれだったのが、どんどん大きくなって最終的には数十cmのずれになり、いよいよ我慢し切れなくなって逆足を出して転倒してしまったわけです。

　そこで僕が考えたのは、状況は一緒であるはずなのに、なぜほかの選手は成功したのかということです。うまくいった選手は多くがベテランでした。ベテランの選手たちというのは、世界中で開催される賞金レースに年間20～30試合くらい参加してまわっているんですね。観客席もない吹きさらしの競技場もあれば、設備の整った大きな競技場もある。**いろいろな環境に対応できるようになっている選手は皆、決勝に残っている**ことに気がつきました。

　これは、もう海外に行かないと勝てないと痛感しました。逆に言えばその経験さえあれば、きっと勝てるはずだと。そう思ってからは早かった。翌年の2001年には、競技場で声をかけたエージェントのツテで、世界各地から集められた選手と一緒に8日間で国際グランプリシリーズを転戦してまわりました。好成績を収めれば、次の地にも呼ばれる仕組みです。最初はローマ、そこからクロアチアのザグレブ、スイスのローザンヌ、最後にパリと、この8日間で一気に世界のグランプリシリーズの中心に出ていったのです。

さまざまな競技場で経験を積んでヘトヘトになって帰ってきた2、3週間後、カナダのエドモントンで開催された世界陸上に出場し、そこで初めて銅メダルを獲《と》りました。23歳のことです。

このときに僕が得た教訓というのは、何かを学んで得た判断材料をもとに物事に挑むことも大事ですが、それよりも**まずは、そこに飛び込んで場になじむことのほうが、圧倒的に実感が湧くし、学びも早い**ということです。

もちろん、そうして飛び込んでみると困ることがたくさん出てきます。たとえば、当時は英語がまったくできなかったし、マッサージのやり方や休養のとり方もほとんど知りませんでした。自分で経験してみて初めて、勉強しなきゃいけないという必要性を感じるわけです。それも、行ってみないことには、自分に何が欠けているのかさえわからないんですね。ですから、まず行動してみて、なじむ過程で必要なものが見えてきたら、それをあとから埋める。すなわち、**仮説の状態で実際に行動してみて検証し、修正しながら前に進む**ということです。ここで得た教訓は、その後の自分の競技スタイルになりました。

手が届きそうな場所に目標を再設定する

世界陸上で銅メダルを獲って日本に帰国すると、僕の世界は一変していました。テレビにもいっぱい出るようになり、生まれて初めて、電車で人から声をかけられるという経験をしたのもこのとき。2か月ぐらい経つと、そのフィーバーもようやく落ち着くのですが、新たにまた取材が始まりました。今度は「おめでとうございます」ではなく「来年の抱負は?」という内容です。

そこで「次はいよいよ世界一ですか」と言われて、僕はつい答えてしまったのです、「金メダルを目指します」と。しかし、僕の感覚では必死で獲った銅メダル。正直、心のなかでは金メダルはないよね、と思っていました。

そこからはもう、がっかりされたくないという一心で、知らず知らずのうちに**実力以上の目標設定をしてしまっていた**のでしょう。その後2、3年は明らかにスランプにはまってしまい、まるで結果が出せない状態が続きました。

僕は大学卒業後、大阪ガスに入社してサラリーマン選手を続けていたのですが、この現状をなんとか打破したいという思いから、2003年の秋、25歳でプロに転向します。一度ゼロになって新しい環境で再スタートしたかったのです。

最初に取り組んだのは、まず**自分自身の期待値を身の丈に置く**という作業でした。そのため、メディアには「金メダルを獲ります」と言ったけれど、今の自分は本当に金メダルを獲れると思っているのか、と改めて自分自身に問いかけました。すると、自分はやはり無理だと思っている。

そこから現実的なラインを探っていった結果、日本一をもう1回獲ってそのポジションを確定させるのが、自分の実現可能な目標になっていることがわかりました。じゃあ、まずはそこから始めようと、言わば**目標を下方修正した**のです。

その途端、背伸びしていた踵《かかと》が地面に着いた感じがしました。目標の基準を落とすのは勇気がいることでもあります。しかし、現実と向き合うことを恐れず、**手を伸ばせばようやく届きそうなところに目標を設定すると、ワクワクしてモチベーションが高まり、今やるべきことも具体的に見えてくるんですね。**実際、僕はここから少しずつ持ち直して、2005年、27歳のときに、ヘルシンキで開催された世界陸上で再び銅メダルを獲ることができたのです。

〝期待が起こす義務化〟とうまく付き合え

僕がこのスランプのときに感じていたのは、自分の夢が自分だけの夢ではなくなっていく感覚でした。社会のなかで競技をやっているわけですから、それも当たり前ではありますが、周りの期待が大きければ大きいほど、自分が夢中だったものにも義務感が生じてしまうんですね。「勝たなきゃいけない」とか、「負けてはならない」とか。以前はあれだけ楽しかった練習も、「ああ、今日も行かなきゃ」という義務感を覚えるようになってくるんです。

不思議なもので、**義務感のなかでやる競技というのは非常に四角四面的で、スケジュールどおりには進むのですが発想が豊かにならない。**「こんなことを試したらいいいかもな」という発想が浮かばなくなって、逆に**リスクばかりを考えてしまう**んです。いつもと違うことをやったらタイムが落ちてしまうのではないか。期待に応えられないのではないかという気持ちになってしまう。周囲の期待が大きければ大きいほど、それを裏切ったときに同じだけの「がっかり」が自分に跳ね返ってくることがわかっているから、いつの間にか守りに入ってしまうんですね。

この「期待が起こす義務化」とどう戦うかという葛藤が、23歳から27歳の間に起きていました。自分が陸上を始めた頃のような無邪気さをどうやって保つのか、もっと言うと、いかに**リスクをとる感覚や挑戦する心を持ち続けるか**を工夫していた時期です。

そのひとつが、先述のようにまずは自分自身の期待値を下げて身の丈に置くことでもあったし、もうひとつは、意識して周囲の期待を上手に裏切ることもでした。人が期待しそうになる場面でもあえて煽《あお》らない、期待されているような行動をしないといったことです。等身大の自分を認めて、言わば、**他者評価を自分評価に変えるように心がけていった**のです。

これはビジネスの世界でも言えることだと思うのですが、期待に応えられないことへの恐れやそこからくる義務感との付き合い方というのはどのスポーツ選手も悩むところで、それがうまくいかずに潰れる選手も実はすごく多いのです。**人からの評価がまったく気にならなくなることは残念ながら僕はない**と思っています。しかし、そうした自分もまるごと認めて、自分がワクワクするような目標に向かって、今できることを精一杯やりながらうまく付き合っていくことがとても大切なのだと思います。

27歳で銅メダルを獲った後、僕は日本選手権で優勝し2008年の北京オリンピックの代表に選ばれましたが、結果は予選で敗退。30歳で引退しようとも思いましたが、もう1回勝負したいと思ってアメリカに渡りました。

それから競技を続けて、2012年のロンドン五輪を目指していたのですが、日本選手権の1台目のハードルで右足を引っ掛けて転倒してしまいます。

そして、僕は現役を引退しました。若い選手の走りを見て、これは勝てない、もう僕のステージは終わったなと思ったんですね。ただ、自分のなかでは、最後の4年間は思いきりやったなという感じがあります。ダメなものはダメだったけれど、そこには結果ではない満足感があったのです。

大切なのは変化して適応すること

こうして改めて自分の陸上競技人生を振り返ってみると、いくつかのステージがあったな、と思います。そのなかでも一番大切だと思ったのは〝変化する〟ことです。競技をやっていく過程で気づいたのですが、**自分のモチベーションというものは、その時々に応じて大きく変化する**ものです。

いちばん最初は、「走ると面白い！」という純粋なところから始まります。子どもの頃は、ほかの子よりも速く走れると「為末くん、すごいね」と大人が褒めてくれるんですね。さらに小学校で足が速い男の子は女の子にもモテるわけです(笑)。うれしくなって、どんどん走りますよね。

そのうち中学2年生の頃でしたでしょうか、全国大会で4位になったときに親戚のおばちゃんが僕に「これで高校に入れるね」と言いました。僕はあまり頭がよくなかったので、「そうか、足が速いと高校に入れるのか」と思ってさらに頑張るわけです。

〝走ることは楽しい〟というモチベーションで高校と大学、さらには大阪ガスという大きな会社にまで陸上で入ることができました。

しかし、社会人として陸上を続けていると「何のために走っているのだろう」という気持ちになります。「ちょっと、しんどいかな」と思うようになってからは早くて、会社に入ってから1年半ぐらい経ったところでプロに転向したのは先に述べたとおりです。

その当時でも陸上のプロ選手は珍しかったと思います。当たり前のことですが、プロ選手は速く走ると、それだけ収入が増えます。もちろん負けると収入は減りますが、「頑張ればお金が手に入る。これは面白いぞ」と一生懸命に走りました。そのうちに速く走って実績を上げるとテレビに出られるようになって、スポーツ選手として有名になれるんですね。有名になるとみんなが褒めてくれる。そしてまた、どんどん走るわけです。

20代の後半まではそれでよかったのですが、それぐらいの年齢から「頑張ってもうまくいかない」という壁にぶち当たります。要するに自分の肉体が衰えてしまいます。

人間の肉体は衰えるもので、その先に老い、そして死がある。この事実には誰も逆らえません。そうすると、いくら頑張っても成績は伸びない。むしろ維持することで精一杯になります。そこからまた、「何のために僕は走るのだろう」と真剣に考え始めました。

陸上だけではなくスポーツの世界はどこでもそうなのですが、一度トップに立った人間は自分のパワーのようなものに敏感になります。陸上競技場で走るたびに自分の筋力が失われていく。そんな世界です。

そして、パワーを失っていく選手からは人の興味は離れていくものです。陸上選手として自分が小さな存在になっていくことを肌で感じながら、**「なぜそれでも自分は走るのだろう」と向き合う日々**が、30歳から引退をした34歳までの間にありました。

そこでたどり着いた僕の原点は、やはり〝走るのが単純に面白い〟という小学校の日々でした。原点に立ち戻ってからは、すごくシンプルになりました。何かのためじゃなくて、力いっぱい走りたいから走る。それでいいのではないかと、現役時代の最後のほうに行き着いたんです。ピークを過ぎたこの年齢でも、自分の納得がいくレースをしたい。そんなモチベーションで引退までの日々を駆け抜けました。

こうして選手生活を振り返ってみると、感覚的にはグルっとまわってきて、最後に1周まわってゴールした感じがします。「走るためには、シンプルに楽しいことが大事だ」という話をしたいわけではありません。つまり、大切なのは、**そこに居続けないで、その都度自分を変化させながら適応していくこと**なのです。そうでなければ25年もの長きにわたり、厳しい選手生活を耐えきることはできなかったと思います。グルっと1周まわってきたことに意味があったのではないか。引退するときにそんなことを思ったのです。

やってもできないことはある

正直に告白すれば、選手生活の前半は「やればできる、為せば成る」と考えていました。つまり、「やればできるのだから、できないのはやっていないからだ」ということです。あきらめなければ夢は叶うのだから、夢が叶っていない人はあきらめたからだ、というロジックと同じです。

しかし、30歳ぐらいの年齢から競技人生も肉体の下り坂にさしかかり、**「そうか、頑張っても勝てないのか」**と思ったというのは先ほどの話のとおりです。僕が勝負に勝てないのは、僕が頑張っていないからではない。

自分自身が若い頃に勝ち続けていたということは、もしかしたら誰かが自分に負けて引退していたということなのかもしれない。ある試合で負けたときに、ふとそのことに気がついたんです。そう考えると、自分が勝ち続けたことも、もしかしたら〝たまたま〟だったのかもしれない。僕には持って生まれた速く走る才能があるのかもしれない。**じゃあ、少しの才能を持って生まれた自分自身の役割は何だろうか？** そんなことを考えるようになりました。

欧米に「ノーブレス・オブリージュ」という言葉があります。騎士道の根幹でもあるのですが、僕なりにざっくりと言えば〝持てる者の責任〟です。身分の高い家に生まれることもあれば、貧しい家に生まれることもある。それはサイコロを振るようなもので、誰がどの家に生まれるかは選べない。だからこそ、生まれた人間にはそのポジションにいる責務があるのではないか。そう考えたときに、僕のなかでストンと何かが落ちた感じがしました。

僕もそうでしたが、スポーツ選手は「なぜ自分が負けたのか」をよく分析します。スタートの姿勢が悪かったからだとか、風が強かったからだとか。分析することで次回に活かせるという意味においては、短期的にはとても意味があります。でも、もっと根幹の部分で、**勝ったか負けたかということ自体には、実はほとんど理由はありません。** 言い換えれば、〝無常感〟のような感覚なのだと思います。

たとえば、オリンピックの金メダルはたったひとつしかないのに、何千人、何万人というスポーツ選手がそれに向かって競います。それなのに「あきらめなければ、夢は叶う」と金メダルを獲った選手はよく言いますよね。残り9999人は金メダルを獲れていないわけですから、そんなの嘘じゃないかという話です。

それでも勝負しなければいけない。もちろん、勝者がいれば敗者がいるわけで、負ければ金メダルの夢は叶わないのですが、絶対に報われはします。これは断言できる。引退した今だから言えることでもあります。僕は選手生活は25年もありましたから、長く人生を生きてみると**「あの結果でよかったな」と思うような報われ方が必ずある**んです。たとえ**敗者になっても勝負をあきらめてはいけない。**そう思います。

人との対立を恐れずに主張する

スポーツ選手には**「引退したあとのセカンドキャリアをどうすればいい**

のか」という問題があり、そこでみんな苦しみます。僕は引退する前から比較的いろいろな活動をしてきていますが、やはり自分のなかで陸上がなくなったらどうしようという迷いはありました。ほとんどの選手は自分の人生における貴重な時間をスポーツの練習に費やしていますが、それがある日、突然プツッとなくなってしまう。選手にとってはとても怖いものです。僕も引退したらとにかく何か活動をしようと思い、始めたもののひとつが「爲末大学」という教育プログラムです。**日本からも議論のできる人を育てたい。**その一心からスタートしました。競技人生は引退しても、僕の勝負は終わりではありません。次は日本が世界に勝つためには何が必要かと考えて、思い当たった企画です。そして実はこの爲末大学は、競技のなかで感じていたことと一直線につながっています。

きっかけは、アメリカで体験したことです。陸上競技のレーンは8つしかありません。当然、プロが走る海外のグランプリではレーンの取り合いになります。陸上競技というものは決勝を走るチャンスが1回しかないわけですから、選手はみんな必死なわけです。面白いことに、そのレーンの取り合いは結構選手同士のディスカッションで決まっていくんですよね。僕はちょっとそういう文化が信じられなくて最初の頃は黙っていました。しかし、黙っているだけでは陸上競技でよいレーンと言われている3、4、5レーンはすぐにほかの選手にとられてしまう。実際に、ひとり静かに待っていたら、勝手にあまり有利ではない1レーンにされたことが何回もあります。

そこでは**人との対立を恐れずに自分の主張をして、ほかの選手とどこかで折り合いをつけなければいけません。**日本には、奥ゆかしさや和を重んじることを尊いこととする文化があります。それはそれで素晴らしいことですが、残念ながらスポーツは国を越えて競うものであり、現実には日本のような奥ゆかしさが通じる国などありません。

だからこそ、自分なりに論点を整理して主張していくといった、**ディスカッションの練習が日本人には必要**なんじゃないか。そう考えて、爲末大学をつくりました。今は試行錯誤を重ねていますが、単に欧米式のディスカッション方法を真似していてもよくありませんので、みんなで一緒に学びながら、日本式のディスカッションスタイルのようなものがつくれたら素晴らしいなと考えています。

新世代の横顔 8
～為末大さんの場合

Q1 今の仕事の一番の魅力は何ですか？

新しい分野をつくっているという実感があることです。
社会や皆の意識を変えられるかもという期待感もあります。

Q2 自分の性格をひと言でいうと？

内省的。近くに寄っているより、
遠くから眺めていることが多いです。

Q3 休日の過ごし方を教えてください。

普段スケジュールに縛られていることが多いので、
その場で思いついたことをやるのが好きです。

Q4 影響を受けた本、座右の書があれば教えてください。

タオイズム。般若心経《はんにゃしんぎょう》。本来無一物。

Q5 尊敬する人、憧れの人を教えてください。

国の立場を超えて、人類や地球の利益のために
働いている人に憧れます。

Q6 いま現在の仕事の目標は？

スポーツで社会に貢献すること。
自分自身のキャリアとしては、「Mr.スポーツ」として認識されること。

Q7 苦境にいる後輩たちにメッセージをお願いします。

見方を変えろ。

Q8 あなたにとっての最強のリラックスアイテム、リラックス方法を教えてください。

読書。

為末　大

おわりに

「仕事は、ここまで面白くできるのか……」

勉強会を主宰する僕は、「ジセダイ」の話を聞くたびに同じことを考えていた。大組織にありがちな縦割り意識をなくし、魅力的な番組や事業・放送サービスを生み出そうと、ＮＨＫに勤務する30代の職員たちが部署を越えて立ち上げた「ジセダイ勉強会」。メンバーは、１９８０年前後に生まれ、バブル崩壊後の就職氷河期に入局した、いわゆるロスジェネ世代。ＮＨＫの明日や、テレビの未来、そしてこれからの働き方はどうあるべきか、日頃から自分たちなりの方法をずっと探していた仲間たちだ。

「ジセダイ」の話は、毎回どれも魅力的だった。仕事への新たな視点。会社員や組織の一員として次の時代を作っていこうという気概。そのために、誰よりも先んじようとする使命感。その新鮮さと斬新さに僕の心は昂《たかぶ》った。

今は会社を飛び出し、起業したりフリーランスで働いている「ジセダイ」たちも、仕事に積極的に関わる姿勢を、独立後ではなく、会社員時代に体得していたということもわかった。会社の可能性を再確認する機会にもなった。

もっと仕事を面白くできる。仕事が面白くなれば、世に提供するものを、もっと面白くすることができる。そうすれば、世の中がちょっと面白くなるかもしれない……素直にそう思った。

ただ、昂揚感《こうようかん》と同時に僕の心には、「自分には何ができるのだろうか」という焦りが湧き上がった。同世代が、仕事に己の能力を総動員している姿に、憧れてばかりもいられない。僕も「傍観者」から「当事者」に変わらないといけない。そのためには、どうすればいいのか。何ができるのか。何から手をつければいいのか。気持ちばかりが盛り上がって、身体が追いついていかない感覚……。

この本を読み終えた読者の皆さんのなかにも、僕と同じような気持ちになった方が少なくないだろう。

今回、「ジセダイ勉強会」が一冊の本になるにあたり、僕は改めて文字に書き起こされた8人の講演を読み返してみた。

すると、ある共通点が浮かび上がってきた。

それは「問う力」である。これまで多くの人が必要だと唱えてきた、答えを導き出す「問題解決力」でなく、問いを作る力、すなわち「問題設定力」をこの8人すべてが持っていたのだ。答えが用意されておらず、確実な答えを見出せないこの「不確実性」に満ちた時代。必要なのは、答えを見つける能力ではなく、問いを立てる能力なのだということに僕は気づかされた。

たとえば、会社勤めがつらくて悩んでいる場合、僕たちはどんな問いを立てるだろう。すぐに思いつくのは、こんな問いだ。

「会社員を続けるか、辞めるか」

こうした「0か100」や「あり・なし」といった二者択一は、物事を単純な答えに導くにはうってつけだ。ところが、答えはひとつしか導き出せない。

では、問いを少し変えてみるとどうなるか。

「今後、会社勤めを通じて、どうなりたいか」

すると、どうだろう。答えはかなり違ってくる。第三、第四の選択肢が立ち上がってくるはずだ。問いの立てかた次第で、答えは多様になってくる。

この本に登場する8人は、おそらく日頃からこのような「問題の所在」を問い直す思考をしているのだ。癖というより、もはや体質になっているといっても過言ではないだろう。

幕末の頃から、諸外国からの外圧や、不祥事や反乱といった事件をきっかけにすることでしか、自分たちを変えられなかった印象が強い日本。

しかし、本書に登場する「ジセダイ」たちは、誰ひとりとして変化を自分たちで作り出せることをあきらめていない。自分の内なる「問題設定力」を信じ、考え、行動し、意欲的に挑戦し続けているのだ。

解決しなければならない課題は、皆さんの周りにもきっとあるだろう。でも、それを解決する「問い」に気づけているだろうか。課題が山積しているのと同じように「問い」も実はありとあらゆる所に転がっている。それを見つけるには、答えばかりを探し求めるのではなく、今こそ問いを立てる力を養うべきだ。

そのヒントは、たとえば顧客の目線や消費者の立場、新入社員のつぶやきや素朴な疑問にヒントが隠されているかもしれない。問う力は、いずれあなた自身の「武器」になるだろう。

この本を手にしてくださった一人ひとりが、自分の持ち場で仕事のあり方を問い続け、変わり続けることができれば、きっと日本は、より一層、生きるに値する世界になる。

今回、NHK出版の佐伯史織さんとともに「ジセダイ勉強会」を1冊の本にまとめる過程で、僕の焦りは、再び昂揚感へと変わっていった。

「問う力」なら僕にも養える。愚直に挑戦することならば、自分だってできる。

それは、気分的なものではなく、具体的な戦略を持った手応えのある昂揚感だった。

そう。僕たちは、確かに仕事を面白くすることができる。

2013年11月

NHK「ジセダイ勉強会」主宰
ディレクター　神原一光

NHK「ジセダイ勉強会」とは

2012年9月にNHK放送センター（東京・渋谷）でスタートした若手職員向けのトークセッション。ゲストは、20・30代の新世代トップランナーたち。勉強会ではゲストが世の中をどう捉え、仕事にいかしているかを語るだけではなく、テレビを中心としたメディアの行く末についても議論する。企画・運営メンバーも、ゲストと同世代のNHK職員。毎回、異なるジャンルで活躍する同世代と対話できることや、勉強会をきっかけに新たな企画や番組が生まれる場になっている。「ジセダイ」による「ジセダイ」のための勉強会として、これまでのべ400人の職員が参加している（2013年11月現在）。

ジセダイ勉強会

［企画・運営メンバー］

神原一光（1980年生まれ　制作局 第1制作センター 青少年・教育番組部）
助川正紀（1980年生まれ　人事局）
國本智史（1979年生まれ　編成局 編成センター）
今雪るり（1986年生まれ　放送総局 デザインセンター 映像デザイン部）
野島恵里（1984年生まれ　制作局 第1制作センター 青少年・教育番組部）
細川啓介（1979年生まれ　制作局 第1制作センター 青少年・教育番組部）
森 あかり（1981年生まれ　制作局 第1制作センター 経済・社会情報番組部）
宮脇壮行（1981年生まれ　制作局 第1制作センター 文化・福祉番組部）
宮脇美沙（1982年生まれ　制作局 第2制作センター 音楽・伝統芸能番組部）

「ジセダイ勉強会」のダイジェスト記事は、
新しい世代の論客のための情報サイト「ジレンマ＋」に掲載されています。
http://dilemmaplus.nhk-book.co.jp/tag/ジセダイ勉強会

デザイン　水戸部 功
構成　内藤弓佳（コトノハ）
編集協力　手塚貴子
校正　鶴田万里子
DTP　NOAH

新世代トップランナーの戦いかた
僕たちはこうして仕事を面白くする

2013(平成25)年11月25日　第1刷発行

著　者　安藤美冬、岩瀬大輔、刈内一博、額田純嗣、廣優樹、佐渡島庸平、柿内芳文、為末大

編　者　NHK「ジセダイ勉強会」

発行者　溝口明秀

発行所　NHK出版
〒150-8081　東京都渋谷区宇田川町41-1
TEL 03-3780-3318(編集)　0570-000-321(販売)
ホームページ　http://www.nhk-book.co.jp
振替　00110-1-49701

印　刷　壮光舎印刷、近代美術

製　本　藤田製本

乱丁・落丁本はお取り替えいたします。
定価はカバーに表示してあります。

Printed in Japan　ISBN 978-4-14-081620-2　C0036